상처 입은 감정의 치유

Martin H. Padovani
HEALING WOUNDED EMOTIONS
Overcoming Life's Hurts

© 1987 Martin Padivani
All rights reserved.

Translated by John, Seung-Chi Baek
Korean translation copyright © 1999 by Benedict Press, Waegwan, Korea.
Korean translation rights arranged with Twenty-Third Publications, Mystic, CT, U.S.A.

상처 입은 감정의 치유
삶의 상처 극복하기

1999년 3월 초판 1쇄
2019년 12월 16쇄
2023년 7월 31일 신판 1쇄
2024년 4월 11일 3판 1쇄

지은이	마르틴 파도바니
옮긴이	백승치
펴낸이	박현동
펴낸곳	성 베네딕도회 왜관수도원 ⓒ 분도출판사
찍은곳	분도인쇄소
등록	1962년 5월 7일 라15호
주소	04606 서울시 중구 장충단로 188 분도빌딩(분도출판사 편집부)
	39889 경북 칠곡군 왜관읍 관문로 61(분도인쇄소)
전화	02-2266-3605(분도출판사) · 054-970-2400(분도인쇄소)
팩스	02-2271-3605(분도출판사) · 054-971-0179(분도인쇄소)
홈페이지	www.bundobook.co.kr
ISBN	978-89-419-2405-0 03230

이 책의 한국어판 저작권은 Twenty-Third Publications와 독점 계약한 분도출판사에 있습니다.
저작권법에 의해 한국 내에서 보호를 받는 저작물이므로 무단 전재와 무단 복제를 금합니다.

이 책의 본문 종이는 FSC® 인증을 받은 친환경 용지를 사용했습니다.

상처 입은 감정의 치유

삶의 상처 극복하기

마르틴 파도바니 지음
백승치 옮김

분도출판사

| 한국 독자들에게 |

가정 문제 상담사이고 심리 치료사인 저는 지난 30년 이상 사람들이 겪는 상처, 죄책감, 분노 등의 '상처 입은 감정'에 관한 이야기에 귀 기울여 왔습니다. 그 결과 저는 마음의 상처가 인종과 국적에 관계없이 모든 사람에게 영향을 끼친다는 것을 깨달았습니다. 우리 모두는 인간이며, 문제를 지니고 있고 어떤 식으로든 상처를 받고 있습니다.

    우리가 겪고 있는 정서상의 문제를 가중시키고 있는 것은 다름 아니라 우리가 자신의 인간적인 속성, 특히 자신의 감정에 대한 오해와 두려움으로 인해 자주 괴로워하고 있다는 점입니다. 이런 오해가 예수의 메시지에 대한 오해와 결부될 때, 우리는 더욱 심한 내적 혼란을 겪습니다. 인간적인 속성과 그리스도교 메시지 간의 양립성에 대한 오해에서 빚어지는 이런 혼란은 불필요한 고통, 어쩌면 불건전한 죄책감 그리고 때때로 감정 치유를 저해하는 수치심을 일으킵니다. 예수께서 천명하신 대로, 그리스도교의 메시지는 영성적으로나 심리적으로 매우 건전한 것입니다. 예수는 위대한 영적 지도자이며 동시에 위대한 심리학자입니다. 또한 그분은 최대한 완전한 인간이 될 수 있는 우리의 능력에 건전한 영성이 깊이 내재해 있다고 가르치십니다.

예수는 항상 우리를 위해 계시며, 우리를 사랑하시고, 보살피시며, 용서하시는 하느님에 관해, 그리고 하느님 나라에 관해 가르치시고자 이 땅에 오셨습니다. 예수는 우리에게 살아가는 방법, 사랑하는 방법, 성숙한 인간이 되는 방법 그리고 우리가 인간적인 속성을 살펴보고 받아들이며 발전시키는 방법을 가르치시고자 이 땅에 오셨습니다. 이것이 강생의 진정한 의미입니다. 그러므로 바오로 사도는 "예수께서는 죄 이외의 모든 면에서 우리 인간과 같아지셨다"라고 쓰고 있습니다.

복음서를 보면 예수는 자신의 감정과 접하며 그 감정을 적절하게 표출하는 매우 다감하신 인간으로 나타납니다. 예수는 정직하며 온전하신 인간이십니다. 자신의 감정을 접하시기 때문에 예수는 타인과 접하실 수 있으며 또한 매우 다감하신 인간이 되실 수 있습니다. 예수는 인간적이고 다감한 인간과 그리스도인의 모범을 우리에게 남기십니다.

우리가 인간적인 예수를 더 잘 이해할 때, 비로소 우리 자신의 인간적인 속성과 다감한 재능을 더 잘 이해하고 받아들일 수 있습니다. 우리는 어떠한 감정도, 심지어 분노, 질투, 증오 등의 더 다루기 힘든 감정까지도 느낄 수 있다는 것을 깨닫게 될 것입니다. 다루기 힘든 감정들을 스스로 정직하게 느끼고 직면함으로써 우리는 우리 자신과 우리 자신이 그런 감정들을 느끼는 이유를 더 잘 이해할 수 있습니다. 죄는 우리가 느끼는 감정에 존재하는 것이 아니라 우리가 행하는 부적절한 행위에 존재합니다. 정서적 성숙에는 우리가 느끼는 감정을 정직하게 직면하고, 이해하며, 필요한 경우 그 감정을 적절하게 표출하는 것이 수반됩니다.

본서가 이미 여러 언어로 번역된 바 있지만 이제 한국어로 번역되어 출간된 것을 보고 매우 기쁘고 영광스럽게 생각합니다. 저는 다른 나라의 수많은 그리스도인과 마찬가지로 본서가 한국의 독자들에게도 유용한 책이 될 수 있기를 바랍니다.

공동으로 번역 작업을 맡아 본서를 탁월하게 번역해 주신 뉴욕 그레이트넥 성 알로시우스 한인 천주교회 교우 여러분에게 감사를 드립니다. 본서의 한글판은 심리학과 신학을 전공하신 백승치 신부님의 뛰어난 지도하에 나오게 되었습니다.

부디 본서가 독자 여러분의 인간적 속성이 지니고 있는 정서적인 면과 영성적인 면을 여러분이 통합시키고, 여러분의 상처 입은 감정을 치유하도록 도와주며, 또한 타인에게 있어서 여러분이라는 인간적인 선물에 감사함을 느끼는 데 도움이 되기를 바랍니다.

머리말

언젠가 빅터 프랭클은 심리학이 지난 50년 동안 지나치게 좁은 편견에 사로잡혀 있었다고 지적했습니다. 심리학은 전적으로 인간의 몸과 마음에만 집중해 왔습니다. 그는 심리학이 그동안 등한시해 온 인간의 영혼에도 향후 50년 동안 같은 양의 시간을 할애해서 관심을 집중하리라는 희망을 피력했습니다. 우리는 몸과 마음이 필요한 영양분이 부족할 때 어떤 현상이 일어나는지 잘 알고 있습니다. 그런데도 우리는 굶주린 인간 영혼에 관해서는 이상할 정도로 무시해 왔습니다. 우리는 인간 정신의 끊임없는 질문들, 즉 우리는 어디서 왔고, 무엇을 하고 있으며, 어디로

가고 있는지에 관해 선택이나 한 것처럼 침묵을 지키고 있습니다. 몸과 마음은 물론이고 영혼 또한 인간의 본성 가운데 전적으로 필수불가결하고 서로 연관이 있으며 상호 작용하는 부분들입니다.

인간으로서 우리는 영혼의 구원만을 필요로 하는, 단순히 영적으로 분리된 존재가 아니라 몸과 마음을 동시에 지니고 있는 존재입니다. 그러므로 우리가 인간적인 존재가 되려는 노력 없이 영적인 존재로만 되려고 한다면 험난한 인생 노정을 겪게 될 것입니다. 진정한 심리학이 인간이라는 복합체의 영적 요소에 관해 고찰해야 하는 것과 마찬가지로, 신학도 인간적인 요소에 관해 어떤 방법으로든 고찰해 보아야 합니다.

그래서 지금 여러분의 손에 있는 이 책을 접하게 된 것은 매우 신선한 경험입니다. 책 속의 내용을 통해 마르틴 파도바니는 우리가 몸과 마음 그리고 영혼의 세 가지 영역에서 우리 자신을 이해하도록 도와줍니다. 그는 우리가 심리학과 신앙이 필연적으로 양립한다는 사실을 이해하도록 도와줍니다. 그는 우리에게 도움이 되는 종교적 신앙, 즉 감정과 신앙을 통합시켜 전인적인 조화를 이루게 하는 종교적 신앙에 관해 말합니다. 그는 우리에게 해로울 수 있는 종교적 신앙에 대해서도 경고합니다.

이 책에는 생각할 거리가 많이 있습니다. 그룹에서 이 책으로 함께 토론할 수도 있고, 개인적으로 자신의 삶을 점검할 기본 자료로 이 책을 사용할 수도 있습니다. 저자와 마찬가지로 저 역시 인간적 고통의 대부분이 '불필요한 것'이라고 생각합니다. 저는 표출되지 않은 감정들이 그대로 남아 고통받는 인간을 속박하고 있는 것을 목격합니다. 저는 인간적인 존재가 되기 위해 이에 상응하는 노력을 기울이지 않고 종교적인 존재만 되려고 하는 사람들을 목격합니다. 물론 심리학이 유일하고 충분한 구세주가 된다고 여기고 인간적인 존재만 추구하는 사람들도 저는 목격합니다. 양쪽의 잘못된 생각은 슬픔과 실망의 결과만을 초래할 뿐입니다.

마르틴 파도바니 신부가 이 책에서 훌륭하게 서술한 두 가지 주제는 하느님의 집을 향해 가는 인생 여정에서 우리 인간이 땅을 디디며 걸어갈 때 지탱해 주는 두 다리와 같습니다. 첫째 주제는 '인간적 가치 의식'으로 이것은 인간 정체성의 중추적인 부분이며 인간 행복의 본질적인 바탕입니다. 둘째 주제는 '인간적 책임 의식'으로 이 맥락에서 저는 종종 우리 인간을 '자인하는 사람' 아니면 '책임을 전가하는 사람'으로 여겨 왔습니다. 우리는 자신의 행동과 반응을 자인함으로써 개인적인 책임을 지거나 아니면 자신의 행동과 반응을 남의 탓으로 돌리게 됩니다. 자인하는 사람은 자기 내면세계와 접촉합니다. 책임을 전가하는 사람은 변명을 하면서 살아갑니다. 그들은 끊임없는 책임 회피로 인해 일종의 인간적 탈진을 겪게 됩니다. 그들은 자신들의 잠재적인 자기 인식을 심각하게 제한시킵니다. 즉, 그들은 결코 자기 자신을 알지 못합니다.

이 책에 담겨 있는 값진 내용들을 놓치지 마십시오. 이것을 어떤 식으로든 실행하십시오. 고통을 겪고 있는 사람들과 상담하면서 저자가 투자했던 수많은 세월이 저자에게는 삶의 실험실이 되어 왔습니다. 그가 내리는 가치 있는 결론은 우리가 그것을 소화하는 한도 내에서, 즉 우리가 그것을 우리 자신의 것으로 만들고 우리의 삶에 통합시키는 한도 내에서 우리에게 도움을 줄 것입니다. 나는 이 책에 담겨 있는 지혜에 감사드립니다.

시카고 일리노이
로욜라 대학
존 포웰

감사 말씀

이 책은 많은 분의 도움으로 출판되었습니다. 나는 그분들 모두에게 감사의 마음을 표하며 특별히 지난 20여 년간 나의 헌신적인 동료이며 영감을 주고 지혜와 격려를 아끼지 않은 로즈메리에게 감사를 드립니다. 그리고 패트릭 코너 신부님께도 감사를 드립니다. 그는 몇 년 동안 제게 이 책을 쓰라고 권했으며 이 책을 쓰고 있는 동안 문학적인 전문 지식과 통찰력 있는 조언으로 편집하는 수고스러움을 기쁘게 맡아 주었습니다.

고인이 되신 아버지, 어머니와 가족 그리고 나를 아껴 주는 친구들에게도 감사를 드립니다. 출판하도록 용기를 주고 관심과 열성을 보인 출판사의 모든 분에게도 감사를 드립니다. 마지막으로 나에게 자신의 삶을 맡기고, 치유를 발견하고자 희망하며 자신들의 고통을 함께 나누었던 많은 분에게 감사를 드립니다. 이 책의 통찰력이 치유를 찾는 또 다른 사람들에게 이른다면 그것은 모두 이분들 덕분입니다.

차례

한국 독자들에게	5
머리말_존 포웰	9
감사 말씀	13
저자와의 인터뷰	19

서언 21

1 문제 27
문제없는 사람이 있을까요?

2 종교 35
평화입니까, 정신적 혼란입니까?

3 종교와 심리학 41
서로 양립할 수 있습니까?

4 "하느님의 뜻" 47
참으로 하느님의 뜻일까요?

5 분노 55
좋은 것입니까, 나쁜 것입니까?

6 용서 77
잊음을 의미합니까?

7 자기 용서 83
간과되고 있지 않습니까?

8	**죄책감**	89
	각성제입니까, 고통입니까?	

9	**우울증**	101
	우리가 표출할 수 있을까요?	

10	**자기비판**	113
	아니면 자기 비난입니까?	

11	**자기 사랑**	119
	관점에 따른 갈등입니까?	

12	**베풂**	131
	아니면 굴복함입니까?	

13	**연민**	141
	얼마나 중요합니까?	

14	**변화**	153
	무엇을 변화시킬 수 있습니까?	

15	**뿌리**	171
	자신을 알고 있습니까?	

16	**인정**	185
	왜 인정을 원할까요?	

주님께서 나를 보내시어
가난한 이들에게 기쁜 소식을 전하고
마음이 부서진 이들을 싸매어 주며
잡혀간 이들에게 해방을,
갇힌 이들에게 석방을 선포하게 하셨다.

이사야서 61,1

| **저자와의 인터뷰** |

어떤 연유로 『상처 입은 감정의 치유』를 쓰게 되었습니까?
이 책은 부분적으로 사제생활 27년간의 결과이며 그 이상으로 19년간의 상담 업무에서 나온 결과입니다.

신부님의 두 가지 직무가 독특한 방법으로 신부님께 도움이 되었습니까?
그렇습니다. 사제이며 상담 치료사라는 두 가지 직무를 수행하면서 저는 상담을 필요로 하는 사람들의 영적 영역과 정서적 영역을 연결하는 경험을 하게 되었습니다. 사제이자 상담가로서 사람들을 대할 수 있었던 것은 나 자신과 내 강론은 물론, 무엇보다도 내담자들에게 그 두 영역을 통합, 해결, 조정할 수 있는 기회를 주었습니다.

사람들이 양쪽의 문제에 관해 상담을 필요로 했습니까?
사람들은 자기 삶의 이 양면을 자연스럽게 이용할 것입니다. 카를 구스타프 융은 모든 심리적인 문제 이면에 종교적인 문제가 존재한다고 말했습니다. 나는 나의 직무를 통해 진정으로 이 말을 믿고 있습니다. 대다수의 일반적인 상담 치료에 있어서 큰 장애는 종교적인 문제를 치유하지 못하는 것입니다. 모든 종교적인 문제 안에 종종 숨어 있는 심리적인 문제를 찾아내는 것이 마찬가지로 중요합니다.

이 일이 신부님의 주된 직분인 사제직에 어떻게 영향을 주고 있습니까?
나는 주일 강론을 복음적 메시지의 영적이며 심리적 영역을 통합함으로써 집단 상담을 위한 좋은 기회로 생각합니다. 사람들은 인간세계 속에서 복음적 메시지를 적절하게 통합시켜야 합니다. 또한 나는 이런 종류의 책이 모든 그리스도인, 특히 종교적 정보를 제공해 주지 못하는 상담사와 상담하는 그리스도인에게 가치 있는 자료가 되리라고 생각했습니다.

그러면 이 책이 두 영역을 결합시켰다고 생각하십니까?
그렇습니다. 오늘날 우리 사회에서 사람들이 경험하고 있는 엄청나고 끔찍한 온갖 문제에 맞서 대처하기 위해 사람들이 영적 영역을 필요로 하고 있다는 것이 더 분명해지고 있습니다. 사람들이 충분히 치유되기 위해서는 영적 영역에서도 문제를 다루어야 합니다. 나는 특히 상담할 때 통합적으로 접근했는데 이 책이 그 통찰을 보여 줄 것입니다.

서언

        최근 몇 년간 인간의 심리적 영역과 영적 영역 간의 보완적이며 상호 의존적인 속성을 제시하려는 글들이 늘어나고 있습니다. 심리적 영역과 영적 영역은 양분될 수 있는 양상들이 아니라 인간 내부에 결합되어 있는 것입니다. 영적 영역이 종종 인식되지 않거나 개발되지 않은 상태에 있다 하더라도 인간 개개인은 심리적이며 영적인 존재입니다. 어느 한 영역만을 강조하고 다른 한 영역을 도외시하는 것은 두 영역 모두에 대한 이해를 제한하는 것입니다. 우리 삶에서 의미와 치유를 추구하는 것, 즉 충분히 인간으로서 기능을 발휘할 수 있는 능력은 어느 한 영역이 다른 한 영역에 영향을 주기 때문에 두 영역 모두에서 생겨나고 있습니다. 도덕적으로 혼란한 오늘날, 인간의 수많은 문제들은 깊은 영적 영역에서 나오며 많은 심리적 장애는 오로지 영적 영역의 맥락에서 참된 치유를 발견할 수 있습니다.

예를 들면, 어떤 형태의 중독이든, 중독은 최종적으로 오로지 영적인 접근에 의해서 조절될 수 있습니다. 이 영적 접근이 '더 높은 차원의 힘'에 의존하든지 또는 더 구체적인 자신의 하느님에 의존하든지 간에, 회복 중인 중독자들은 '영적 접근'이 그들의 유일한 생존의 희망이라고 증언합니다. 이것이 '익명의 알코올중독자들'(Alcoholics Anonymous: 1935년 미국 시카고에서 시작된 알코올중독자 재활을 위한 조직)의 열두 단계 영적 접근 프로그램이 모든 중독 치료에 그렇게 인기가 있고 성공을 거두는 이유입니다.

반면, 영적이고 종교적인 여러 문제들은 심리학적 지식과 정보의 도움에 의해서만 해결될 수 있습니다. 심리학이 영적 미성숙을 다루어 영적 성장을 촉진시킬 수 있기 때문입니다. 예를 들면, 기도하는 동안 사람의 감정이 자유롭게 흐르도록 하는 것이 중요하다는 것을 깨닫는 것이 도움이 됩니다. 이는 심지어 기도하는 동안에도 자신의 감정에 접하면서 부정적인 감정이 있다고 해도 죄책감을 느낄 필요가 없다는 뜻입니다. 이는 또한 특히 우울증 환자들이 느끼는 경우처럼 긍정적인 감정이 전혀 없는 경우에도 기도가 가치 있다는 것을 뜻합니다. 올바른 심리적 정보와 이해를 알고 있으면 불필요한 영적 장애에서 벗어나 영적 삶에서 성장할 수 있습니다.

영적 영역과 심리적 영역을 조화시키는 일은 종종 어려운 것입니다. 행동과학에서 훈련된 다수의 상담 치료사는 영적 영역에 대한 지식과 체계가 부족합니다. 반면에 영적 영역에 정통한 사람들은 심리학적 지식과 이해가 충분하지 못합니다. 이 두 영역의 치료사들 중에는 가끔 자신의 접근 방법이 모든 문제에 대한 만병통치약이라고 극단적으로 단순화해 생각하는 경우가 있습니다. 그러나 심리적 영역에 대한 접근 없이 영적 치유는 있을 수 없고, 영적 영역에 대한 접근 없이 완전한 감정의 치유는 있을 수 없습니다. 인간은 전체적으로, 즉 감성적이고 영적이며 신체적으로 인식되어야 합니다.

정신과 의사인 스콧 팩은 그의 유명한 저서 『아직도 가야 할 길』에서 심리적 영역과 영적 영역을 통합하는 데 지대한 공헌을 했습니다. 또한 오늘날 윤리신학자들은 심리적 영역과 영적 영역을 통합하여 많은 도덕적 딜레마를 이해하는 데 큰 공헌을 해 왔습니다.

이 두 영역을 인간의 심리적 눈과 영적 눈으로 생각할 수도 있습니다. 두 눈은 상호 보완적이지요. 삶의 전체적 관점과 자신을 인식하는 데 하나가 다른 하나를 서로 도와줍니다. 만약 한쪽 눈이 기능을 제대로 발휘하지 못하거나 감겨 있으면 삶에 대한 현실적인 지각과 인간에 대한 이해를 하기가 어렵습니다. 두 눈이 건강하다면 인간에 대한 더 전체적인 관점을 형성하는 데 도움을 줄 것입니다. 그러나 때때로 두 눈이 모두 실명 상태에 있기 때문에 우리는 불필요한 고통을 경험합니다. 심리적 실명 상태는 인간에 대한 무지를 초래하고, 영적 실명 상태는 종교 영역에 대한 극심한 무지를 조장합니다. 우리가 상식이 부족한 것만으로도 더할 나위 없이 괴로운 일인데 여기에 종교적 엉터리 지식까지 겹쳐 더욱 악화되면 이는 소경이 소경을 인도하는 꼴이 됩니다.

저는 사제이자 심리 치료사로서의 27년 동안 불필요한 고통에 관한 이야기를 너무 많이 들어 왔습니다. 제가 불필요한 고통이라고 말하는 이유는, 그 고통이 인간의 근본적인 심리적 또는 영적인 면에 대한 잘못된 이해에서 비롯되었기 때문입니다. 때때로 저는 이런 오해가 너무나 깊고 광범위하다는 사실과 이 오해가 각계각층의 사람들 전반에 만연되어 있다는 사실에 놀라움을 금치 못했습니다. 따라서 이 책을 저술하게 되었습니다.

이 책의 각 장들은 이런 오해를 다루면서 얻은 직접적인 성과를 담고 있습니다. 여기에서 수많은 사람이 계속해서 오해해 왔던 분노, 자기 용서, 연민, 우울증, 변화, 죄책감 등과 같은 기본적 개념들이 다루어집니다. 이 개념들은 인간의 일상사에서 너무도 흔한 것 같습니다. 그러나 정확히 바로 이런 이유 때문에 우리가 당연시 여기는 것들입니다. 이 개념들은 또한 우리가 겪는 너무도 기본적인 경험이기에, 역설적이게도 설명하기도 어렵고, 더구나 이해한다는 것은 훨씬 더 어렵습니다.

성경에서, 좀 더 특정하면 복음에서 우리는 인간적인 것과 영적인 것이 혼합되어 있음을 발견합니다. 사실 이것들은 너무나 독특하게 혼합되어 있기에 서로 섞여 있는지조차 모를 때가 있습니다. 우리는 인간의 약점과 실패를 영적인 힘으로 극복하는 모습을 발견합니다. 죄에 떨어진 다윗과 같은 경우, 그는 하느님의 용서를 통해 다시 일어섭니다. 또한 우리는 전인적인 예수의 모습을 봅니다. 그는 감성적이며, 울고 슬퍼하고 연민을 느끼며, 분노하고 상처받고, 실망하고 칭찬하고 달래 주며, 동조하며 애정을 주는 모습을 보여 줍니다. 그의 감정은 희망, 사랑, 믿음, 용서, 아버지 하느님께 대한 기도, 치유, 물질적인 가치에서 벗어남, 자비, 순결, 복종, 원수 사랑, 평화, 화해를 추구하는 것에 관한 영적 가르침의 일부였습니다. 예수는 영적 가르침의 스승이며, 인간 행동의 의사이십니다. 예수는 "나를 따르라. 나는 길이요, 진리요, 생명이다. 나는 빛이다"라고 말씀하십니다. 예수는 감성적으로 그리고 영적으로 자기를 따르도록 우리를 부르시지만 우리는 자주 예수의 영성이 예수가 지닌 인성의 한 부분임을 인식하지 못하고 있습니다.

    본서 『상처 입은 감정의 치유: 삶의 상처 극복하기』의 목적은 우리의 불완전한 인간적 조건이 허용하는 한도에서 우리의 인간적·영적 역동성이 상호 보완적이며 조화를 이루어야 한다는 점을 더 잘 이해하고 더 깊이 인식하도록 하는 것입니다. 우리 모두에게는 겹겹이 쌓여 있는 오해 때문에 가려져 종종 미개발 상태로 방치된 풍부한 인간적·영적 잠재력이 내재되어 있습니다. 만약 이 책이 두 영역 간의 연관성을 보여 줌으로써 교육 수준 여하에 관계없이 누구에게나 오해의 소치로 발생하는 불필요한 고통 가운데 어느 정도를 제거할 수 있다면 저로서는 만족할 것입니다.

 하느님은 인간적 조건 안에서 역사하십니다. 그러나 하느님은 우리 삶이 지닌 심리적이고 영적인 영역을 우리가 이해하고 이용해서 우리 나름대로 협력해 주기를 기대하십니다. 이런 방식으로 우리는 하느님이 우리 각자에게 바라시는 것, 즉 성화聖化를 철저히 인간적인 방식으로 성취하도록 스스로를 성장시켜야 할 것입니다.

1   문제

문제없는 사람이 있을까요?

문제없는 사람은 없습니다. 문제의 수, 종류 그리고 심각성의 차이는 있을 수 있지만 문제는 이 세상에 살고 있는 한 우리 모두가 물려받은 것이고 겪어야 하는 것입니다. 그러나 문제를 대하는 사람들의 태도는 서로 다릅니다. 즉, 문제에 봉착하면 고통스러워하거나 압도당하는 사람들이 있습니다. 반면 문제를 너무도 잘 처리하여 아무런 문제가 없는 것처럼 보이는 사람들도 있긴 합니다.

상담과 심리 치료의 근본적인 목표 가운데 하나는 고통을 호소하는 개인과 부부 그리고 가정이 스스로 해결할 수 있도록 돕는 것입니다. 이 말은 그들이 자신의 문제를 알고 인정하고 이해해서 문제에 대처하고 대안을 검토하기 시작하며 결정을 내려 마무리를 짓고는 계속 삶을 영위해 가는 것을 의미합니다.

일반적으로 개인, 부부 관계 혹은 가족 체계 안에서 기능이 파괴되면 모종의 교정 조치가 강구되어야 합니다. 정신적 혼란이나 자신감 상실은 우리 안에 잠재해 있는 치유와 기능의 가능성을 저해합니다. 사람들은 그들의 문제에 압도당해 스스로 통제력을 상실하거나 문제에 의해 조종당합니다. 통제력의 상실로 그들은 절망감이나 무력감을 느끼기 시작합니다. 따라서 불안과 우울증이 자리 잡게 되고 더욱이 건전한 판단을 내리지 못하게 됩니다. 그들은 두려워하기 시작하며 조급한 해결책을 모색합니다. 물론 단번에 끝내는 해결책이란 없습니다. 결국 그들은 단념해 버립니다.

인간은 문제를 피하거나 벗어나기 위한 온갖 종류의 방법을 찾을 수 있는 재주를 가지고 있습니다. 때때로 우리는 자신의 문제를 일시적으로 제쳐 놓는데, 이런 방법도 가끔은 필요합니다. 그러나 이 방법이 예외가 아니라 원칙이 되어 버리면 우리는 계속해서 고통에 빠질 것입니다. 그러면 다른 면에는 매우 합리적인 우리가 대체로 하나의 잘못된 결정에 또 다른 잘못된 결정을 내리게 되어 비합리적인 결정을 내리게 됩니다. 부정적인 사고와 감정이 지배하고 우리는 비이성적이고 왜곡된 방식으로 행동합니다. 우리는 이런 행동을 노이로제라고 합니다.

대부분 이런 상황에서 문제들은 심화되어 더 심각한 개인적 고통이 되는데, 이는 종종 경고등이 켜졌으나 이를 무시했기 때문입니다. 예컨대 자기 자신 그리고 전반적인 삶에 대해 불행을 경험하는 사람은 타인을 탓하기도 하고, 우울증 그리고 두통, 궤양, 가슴 통증과 같은 심신적 질병을 겪을 수도 있는데 이는 그들이 삶 속에서 발생하는 스트레스를 처리하지 않고 있다는 것을 반영하는 것입니다. 우리는 원만하고 건전하게 보이는 부부 관계에서도 불만족으로 인하여 결혼 생활에 안정을 찾지 못한 남편이나 아내가 다른 사람에게 눈을 돌리거나 다른 요인에 지나치게 관여하는 경우를 가끔 봅니다. 학교에서 제멋대로인 아이들이나 친구들과 어울리지 못하고 소극적이거나 반항적인 아이들은 그들 자신의 문제일 뿐만 아니라 가족이 안고 있는 문제도 반영합니다. 이 문제들은 남에게 말하기 곤란하거나 예민한 사항이거나 부인하고 있는 것일 수도 있습니다.

그러므로 문제를 해결하는 사람과 못하는 사람의 차이는 문제의 직면 여부에 따른 차이입니다. 우리가 문제를 기피할 때, 그것들은 머지않아 결국 우리를 압도하거나 조종하게 됩니다. 우리가 문제에 직면할 때 우리는 현실을 파악하여 아무리 이 현실이 고통스럽고 거칠다 하더라도 정신적으로나 정서적으로나 영적으로 우리를 건전하게 지켜 줄 것입니다.

물론 이 고통이 성장 과정의 일부분임을 기억하는 것이 항상 중요합니다. 알코올중독 치료 모임에서 말해 주듯이 "고통이 없으면 얻는 것도 없습니다". 신체적이든 심리적이든 고통은 무엇인가 잘못되었고 무엇인가 변화시켜야 하며 치료가 필요한 문제가 있음을 알려 주기 때문에 참으로 긍정적인 것입니다. 만일 우리가 고통을 경험하지 못하면 우리는 문제를 발견하는 체제에 결함이 있어 변화에 도전하지도 못하며 그대로 썩어 없어지게 됩니다.

우리 모두는 문제를 가지고 있기에 불안, 우울, 욕구, 좌절 등을 경험합니다. 그럼에도 우리는 문제들을 해결하고, 적어도 대부분의 경우 문제들에 잘 대처하고 있습니까? 아니면 대부분의 경우 문제에 휘말려 버립니까?

인간 존재의 불안정성에 대해서도 마찬가지입니다. 인간은 누구나 완벽하게 안정감을 느끼지 못합니다. 우리는 일시적 기간의 안정을 누릴 수는 있지만 또 다른 차원의 안정을 추구하기에 일시적 안정이 흔들리게 됩니다. 인간의 불안정성은 우리의 유한성과 이 세상의 한계를 깨닫는 데 도움이 됩니다. 인간의 불안정성은 우리로 하여금 인간 세계의 유일한 안정 영역을 초월해서 그리스도인이 천국이라고 부르는 하느님과 함께 영원한 안식과 평화가 지배하는 곳을 숙고하게 합니다.

인간의 불안정성에 관한 인식은 우리 자신을 알고 우리 자신을 더 높이 성장하도록 자극하는 데 도움을 줍니다. 불안정성과 불확실성은 인간 누구나 피할 수 없는 정상적 실존의 한 부분입니다. 중요한 것은 우리가 이런 문제들에 대해 어떻게 대처하며 그 문제들을 통해 자신의 발전과 성숙을 이룰 수 있느냐는 것입니다. 삶이란 역동적인 과정이므로 불안정성과의 고투는 우리 안에 새로운 삶을 낳게 합니다. 그렇게 하지 않으면 우리는 활기를 잃고 퇴보하여 더욱 고통스러워집니다.

예수는 탈렌트의 비유를 말씀하십니다(마태 25,14-30 참조). 이야기 속 주인은 길을 떠나면서 첫째 종에게는 다섯 탈렌트, 둘째 종에게는 두 탈렌트, 셋째 종에게는 한 탈렌트를 맡깁니다. 오랜 뒤 주인이 여행에서 돌아와서 종들과 셈을 하게 되었습니다. 다섯 탈렌트를 받은 종은 다섯 개를 더 벌었고, 두 탈렌트를 받은 종은 두 개를 더 늘렸으나 탈렌트 하나를 받은 종은 그것을 잃어버릴까 두려워 땅에 묻어 두었다가 그대로 주인에게 돌려주었습니다. 주인은 첫째 종과 둘째 종은 칭찬하였으나 그렇지 못한 셋째 종은 꾸짖었습니다. 이렇듯 우리가 삶에 직면하기를 두려워할 때 우리는 자신의 삶을 잃어버릴 수 있습니다.

불안정성이 우리를 지배하면 우리는 자신의 삶에서 도망칩니다. 위험을 회피하고 사람과 함께하기를 거부합니다. 동시에 실패가 두려운 나머지 책임을 회피합니다. 그 결과 우리는 더욱 미숙해지고 자신감뿐 아니라 자존감까지 상실하게 됩니다.

우리가 직면하는 모든 문제에 있어서 하느님께서 언제나 우리와 함께 계심을 깨닫는 것이 중요합니다. 우리는 미성숙하고 유아기적 종교적 태도로 하느님께서 기적적으로 우리의 문제를 해결해 주실 것이라고 생각해서는 안 됩니다. 오히려 하느님은 문제를 통해 우리를 인도하시며 그 과정을 통해 우리를 보살피시고 강하게 하신다는 것을 알아야 합니다. 우리는 동시에 하느님께서는 악으로부터 선을 이루심을 명심해야 합니다. 하느님께 대한 신뢰는 어려움에 대처하도록 우리의 신뢰를 불러일으키며, 하느님은 우리가 사용하기만 한다면 우리 삶을 헤쳐 나갈 잠재력 또한 주셨음을 명심해야 합니다. 인간의 불안정성은 우리의 잠재력을 활용하도록 자극할 수도 있고 아니면 우리가 불안정에 응답하기를 거부한다면 우리의 잠재력을 방해할 수도 있습니다.

그리스도는 우리의 문제를 제거하기 위해서가 아니라 우리가 문제에 올바르게 대처하여 더 책임 있게 살아갈 수 있도록 가르치시기 위해서 인간이 되셨습니다. 이것은 우리가 물려받은 풍요로운 영적 차원입니다. 우리가 이 점을 분명하게 파악할 때 우리는 우리 삶과 문제에 대한 심오한 의미를 발견하여 더 능동적으로 우리의 운명과 구원에 대처할 수 있을 것입니다.

결론적으로, 지난 수년간 고통을 호소하는 사람들을 상담한 결과, 나에게 점점 분명해지는 한 가지 사실은 참되고 성숙한 신앙을 가진 사람들은 자신의 문제를 대처하는 데 또 하나의 부수적인 지원 체계를 가지고 있다는 것입니다. 그들은 문제에 대처함에 있어서 자신의 인간적 잠재력뿐만 아니라 동시에 영적 잠재력도 사용합니다.

우리는 때때로 영적 차원을 소홀히 하는 경향이 있습니다. 우리가 그렇게 할 때 우리는 스스로를 속이게 됩니다. 이렇게 말하기 미안하지만 종종 종교적 무지나 신경증적인 종교적 관점은 우리의 영적 힘을 방해합니다. 이럴 경우 종교는 치유를 가져오기보다 문제를 악화시키는 왜곡을 가져옵니다.

저는 현대의 상담사들, 심리 치료사들, 정신과 의사들이 영적 차원을 소홀히 하거나 부인하는 것에 대해 대단히 비판적인 입장입니다. 심지어 내담자의 관심사가 영적 차원인 경우에도 이 차원이 간과되곤 합니다. 저는 더 많은 전문가가 내담자들의 영적 측면을 인정하고 격려해 주기를 희망합니다. 우리 모두 문제를 가지고 있는 것은 사실입니다. 그러나 신앙을 가지고 사는 삶은 문제를 새로운 눈으로 바라볼 수 있게 합니다.

2 종교

평화입니까, 정신적 혼란입니까?

종교는 우리에게 평화와 기쁨, 희망, 평안 그리고 위로를 가져다주어야 하는 것입니다. 종교는 삶의 불행을 경감시켜야 하는 것이지 가중시키는 것이 아닙니다. 그런데 왜 많은 사람이 자신의 종교에서 고통, 혼란, 번민, 두려움 그리고 무의미한 죄의식 등을 겪고 있습니까? 예수는 종교라는 명목하에 사람들에게 더 무거운 짐을 지우는 바리사이들을 비난하지 않으셨습니까? 우리 역시 종교라는 명목하에 자기 자신에게 무거운 짐을 지우고 있지는 않습니까? 우리가 왜 그렇게 많은 부정적인 태도를 지니고 있으며 왜 그렇게 하느님을 두려워하고 있습니까? 이것은 예수의 마음과 일치하는 종교가 아닙니다. 예수는 이런 부류의 종교를 타파하기 위해서 오신 것입니다.

어딘가 잘못된 것이 분명합니다. 종교에 반드시 해답이 있는 것은 아니지만, 종교는 수많은 삶의 문제, 고통 그리고 난국에 의미를 부여해 줄 수 있습니다. 종교는 우리가 이런 것들에 대처할 수 있도록 우리에게 힘을 줄 수 있습니다. 사제이고 고해 신부이자 상담사로서 저는 수많은 사람이 종교라는 명목하에 고통을 받고 있다는 사실에 마음이 아픕니다. 종교가 일상에서 힘든 우리의 처지를 더욱 악화시킬 경우, 종교는 신뢰도를 잃게 됩니다.

이런 고통의 대부분은 종교에 대한 오해들, 즉 어린 시절부터 고수되어 온 잘못된 해석과 명확히 밝혀지지 않은 그릇된 인식에서 비롯된 것입니다. 이러한 것들은 시간이 흐르는 동안 잘못된 사고로 더욱 굳어집니다. 하느님에 대한 왜곡된 이미지와 개념은 신학적으로 근거가 없을 뿐만 아니라 신경증까지 유발할 수 있습니다. 하느님에 대한 일부 사람들이 지니고 있는 잘못되고 유아기적인 개념은 믿기 어려울 만큼 놀랍습니다. 이들은 터무니없이 이것을 종교라고 부르고 있습니다.

무의미한 종교적 두려움, 분노 그리고 미신은 종교를 비합리적인 것으로 만들어 버립니다. 이로 인해 우리에게 이성을 주신 이성적인 하느님이 비이성적인 모습으로 보입니다. 지각 있는 사람이라면 이러한 하느님을 거부하는 것이 당연한 일입니다. 심지어 오늘날에도 자신이 행복을 누리고 있다는 사실에 죄의식을 느끼는 이들이 있습니다. 또한 이들은 자기 비하를 겸손이라고 생각합니다. 이와 더불어, 하느님이 우리가 죄를 범하면 벌하기 위해 항상 감시하고 있다고 생각하는 사람도 많습니다. 어떤 일이 잘못 될 때마다 그들은 하느님이 자신들에게 벌을 주신다고 짐작합니다. 이탈리아 사람들이 생각하는 '악마의 눈'(mal occhio)과 같은 개념입니다. 또 어떤 사람들은 자신의 기도에 응답을 받지 못할 경우 하느님이 자신에게 분노하고 계신 것으로 생각합니다. 그렇다면 그들은 무엇 때문에 기도를 하는 것입니까?

하느님께서 우리를 벌하시는 것이 아니라 우리가 스스로에게 벌을 주고 있습니다. 하느님께서 우리를 비난하시는 것이 아니라 우리가 스스로를 비난하고 있습니다. 하느님은 우리 편을 드는 분이지 우리와 대적하는 분이 아닙니다.

우리 삶 속에 비그리스도교적이고 병적인 죄책감이 큰 자리를 잡고 스며들어 있습니다. 마치 하느님은 무조건적인 사랑의 소유자이며 끊임없이 용서하시는 분이란 가르침을 한 번도 받지 않았던 것 같습니다. 통탄스러운 것은 하느님은 이미 용서를 하셨는데도 우리 스스로가 용서하기를 거부하고 있다는 사실입니다. 이것은 종교가 아니라 병적인 자학입니다. 비그리스도교적이라는 것은 두말할 필요가 없습니다!

우리는 우리 자신의 종교관의 심층으로 파고들어 가 우리의 참된 신앙을 쇠약하게 하는 왜곡된 것들을 들춰내어야 합니다. 우리는 자신 속 그리고 타인의 마음속에 자리 잡고 있는 그러한 왜곡된 관점과 직면해야 합니다. 이것은 예수께서 추방하신 악의 세력들입니다. 이런 왜곡된 관점들이 종교를 유해한 것으로 만들 뿐만 아니라 우리의 정신 건강에도 해를 끼칩니다.

종교에 대한 무지의 잔재가 가장 근절하기 어렵습니다. 하느님께 대한 더 깊은 신앙심과 의존을 키우려는 과감한 시도를 하기보다 유아기적 신앙을 신봉하면서 무지한 상태로 머무르는 것이 더 안전하게 보일 때가 있습니다. 그러나 예수는 이렇게 말씀하십니다. "힘내시오. 두려워하지 마시오"(마태 14,27 참조). "하늘의 새들을 눈여겨보시오. 들에 핀 백합꽃들이 어떻게 자라는지 관찰해 보시오. 하늘 아버지께서 그것을 보살펴 주십니다. 여러분은 그것들보다 더 귀하지 않습니까?"(마태 6,26-28 참조). 예수는 우리에게 하느님을 아버지로 부르라고 말씀하십니다.

용서는 예수의 모든 메시지이자 사명의 전부입니다. 예수는 간음하다 붙잡힌 여인에게 "아무도 당신을 단죄하지 않았지요? 나도 당신을 단죄하지 않습니다"(요한 8,10-11 참조)라고 하셨습니다. 예수께서 십자가에서 숨을 거두실 때 "아버지, 저 사람들을 용서하소서. 사실 그들은 무슨 짓을 하는지 알지 못하옵니다"(루카 23,34)라고 하신 것은 우리에게 용서의 손길을 내민 것입니다.

우리는 예수에 대한 참된 종교적 신앙을 우리 삶 안에 일치시켜야 합니다. 그것은 우리에게 도움이 될 것이며, 우리를 힘겹게 하지 않을 것입니다. 우리는 잘못된 종교적 신앙에서 참된 신앙으로, 유아기적 신앙에서 어른스러운 신앙으로, 즉 미성숙한 신앙에서 성숙한 신앙으로 변화를 이루어 내야 합니다. 다음과 같은 바오로 사도의 말씀은 우리에게 해당됨이 틀림없습니다. "내가 어렸을 때는 어린이처럼 말하고 어린이처럼 생각하고 어린이처럼 이치를 따졌습니다. 어른이 되자 나는 어린애 짓을 그만두었습니다"(1코린 13,11).

전문가들 특히 임상 치료를 신봉하는 전문의들이 저에게 "보시다시피 이렇게 종교가 사람들에게 해만 끼치는 것 이외에 무슨 의미가 있습니까?"라고 물으면 저는 "당신의 말이 맞습니다. 하지만 당신이 말하는 그런 것은 병적인 종교입니다"라고 대답합니다. 흔히 전문 상담사들이 알게 되는 종교의 유일한 모습이란 이 병적인 종교에 국한되는데, 왜냐하면 그들의 지식은 내담자들의 왜곡된 관점을 통해 얻은 것이기 때문입니다.

건강한 종교는 우리의 정신적·정서적 건강에 큰 도움을 줍니다. 지난 수년간 저는 혼란과 절망 그리고 두려움 속에서 살아가는 사람들의 삶에 예수의 가르침이 가져다줄 수 있는 변화가 무엇인지 알게 되었습니다. 예수는 치유해 주십니다. 따라서 우리는 예수께 대한 신앙을 가져야 합니다.

예수는 우리에게 다음과 같은 세 가지 중요한 가르침을 주셨습니다. 하느님은 항상 우리를 사랑하시고 우리를 용서하시고 우리와 함께 계시다는 것입니다. 종교는 평화, 기쁨, 평안, 위안을 가져다주는 것입니다. 만약 종교가 이렇게 하지 못한다면 이것은 종교의 잘못도 신앙의 잘못도 아닌 우리 자신의 잘못입니다.

3 종교와 심리학

서로 양립할 수 있습니까?

　　　　　　참된 종교의 원리와 참된 심리학의 원리 사이에 실제적인 모순은 없습니다. 때때로 양자 간에는 피상적인 모순만 있을 따름이며 이는 대체로 오해로 빚어진 결과입니다. 참된 종교와 참된 심리학은 서로의 가치를 높이고 보완합니다. 우리는 이 둘을 분리하지 말고 통합시켜야 하며, 상호 배타적이 아니라 보완적인 것으로 인지해야 합니다.

　　역사적으로 보면 종교와 심리학 전문가들 사이에 두려움과 의심이 때때로 존재했습니다. 그것은 많은 불필요한 문제들을 야기했습니다. 돌아가신 풀턴 존 쉰 주교님은 양자 사이에 존재하는 대립의 오류를 추방한 이 두 분야의 가톨릭 최초의 권위자이십니다. 그럼에도 불구하고 두 분야에서 일하는 전문가들은 종종 지금까지도 여전히 서로 경계하고 있습니다.

심리학과 종교는 서로 자극해야 합니다. 심리학은 우리 자신의 영적 발전을 심화시키고 정화하면서 그리스도의 가르침을 명확히 할 수 있으며, 그리스도의 메시지는 선한 인간 행동을 강화하고 이를 행하도록 동기를 부여해 줄 수 있습니다. 그리스도의 복음은 삶의 의미에서 또 다른 영역을 더해 줍니다. 이 영역은 바로 그리스도 복음이 근본적인 토대가 되어 인간적인 것을 초월하는 눈입니다.

상담사이자 치료자인 저는 복음을 묵상하면서 중요한 사실을 하나 발견했습니다. 그리스도가 훌륭한 심리학자라는 사실입니다. 그분은 매우 오래전에 심리학자로서 말씀하셨습니다. 예수는 간단명료하고 뛰어나게 인간 상황에 놓인 사람들을 잘 이해하고 있었습니다. 복음을 묵상하면 할수록 저는 가장 훌륭한 심리학적 역동성이 그 안에 작용하고 있음을 더 깊이 이해할 수 있습니다.

풍요로운 통찰을 가져다주는 인간 행동과학은 예수의 메시지가 지니고 있는 의미와 깊이를 분석하고 밝히는 데 도움을 줍니다. 예수는 정서적인 면과 영적인 면을 가르치시면서 두 영역이 함께 성장하여 일체가 됨을 보여 주십니다. 아마도 어떤 치료자가 내담자의 치료에 실패하거나 치료를 중단하는 것은 그들이 내담자의 종교적 영역을 조사하기를 피했기 때문일 것입니다. 반면 성직자나 수도자는 종종 내담자의 심리학적 관점을 인지하지 않기에 사람들을 올바로 치유하지 못하기도 합니다. 영적인 것과 인간적인 것을 분리하면 우리는 인간의 전체적인 면을 바라볼 수 없습니다. 전체성 부족, 전체 안에서의 소외가 모든 정신적인 병이나 정서적인 병이 아니겠습니까?

예수는 복음에서 사람들을 있는 그대로 만나고 이들을 일으켜 세우시려고 합니다. 그는 인간적인 면과 영적인 면을 연결합니다. 그는 이 양면이 서로 일치하여 전체적인 사람들이 되도록 도와줍니다. 다시 말해 그는 치유합니다. 중풍 환자나 마리아 막달레나, 우물가의 사마리아 여인을 생각해 보면 이 점이 잘 드러납니다.

과학으로서 심리학은 우리 자신을 이해하는 데 도움을 줍니다. 종교는 하느님에 대한 우리의 개념을 분명하게 합니다. 심리학은 인간관계의 상호 작용을 설명해 줍니다. 종교는 하느님과의 관계와 우리 서로의 인간관계를 강조합니다. 심리학을 통해 우리는 우리 자신과 접하고 종교를 통해 하느님과 접하게 됩니다. 우리가 보이는 우리 자신을 체험하지 못한다면 어떻게 보이지 않는 하느님을 체험할 수 있겠습니까?

이웃을 사랑하고 하느님을 사랑하라는 것이 그리스도 가르침의 초석입니다. 자신을 사랑하지 못하면서 어떻게 하느님과 이웃을 사랑할 수 있겠습니까? 심리학은 사랑에 관해 많은 것을 가르칩니다. 즉, 사랑의 함정, 현실적인 사랑과 이상적인 사랑, 사랑에 요구되는 것들에 관해 가르칩니다. 하느님을 믿고 받아들이고 하느님께 전적으로 자신을 맡기기 위해서는 자신을 믿고 받아들이고 자신에 대한 전적인 신뢰가 바탕이 되어야 합니다. 심리학의 도움으로 우리는 신앙의 자가당착적인 면과 피상적이고 신경증적인 면을 근절시킬 수 있습니다. 우리는 해를 거듭하면서 심리학의 영향이 윤리적 사고와 종교적 믿음을 강화시키고 아름답게 가꾸어 준다는 것을 더욱 잘 알게 되었습니다.

심리학은 우리에게 건전한 행동과 정서적 통합 그리고 성숙한 성장뿐 아니라 자신을 초월할 수 있는 방법을 가르쳐 줍니다. 그리스도교는 구원과 화해와 부활을 가르칩니다. 전적으로 양립하는 심리학과 종교는 인간 안에서 만나며 서로 지지하고 보완합니다. 심리학적 통찰과 종교적 통찰은 우리 내면의 쇠약한 힘을 충전시켜 삶을 더 풍요롭게 하고 올바르게 대처하도록 도와줍니다. 특히 종교는 이런 일 외에도 인간적인 면을 초월하는 신앙의 차원을 강조함으로써 심리학을 능가합니다. 예수는 언제나 인간적인 상황에서 출발하셨습니다. 성 토마스 아퀴나스는 우리에게 "은총은 본성 위에 세워짐"을 상기시키고 있습니다. 영적인 것과 정서적인 것은 우리 삶 속에 서로 무관한 현실이 아닙니다.

심리학적 통찰은 자신에 대한 이해를 새롭게 시작할 수 있는 고귀한 선물입니다. 이 선물은 쉽게 오지 않지만 심리학적 지식에 의해 촉진될 수 있습니다. 내담자가 통찰을 통해 정서적인 문제를 해결한 후 그들은 또한 정서적으로뿐만 아니라 종교적으로도 자유로울 수 있습니다. 하느님이 인간을 통하여 역사하신다는 것은 우리 행동 속에서 우리가 통찰력을 개발할 수 있도록 도우신다는 의미입니다.

삶이 지닌 인간적인 면을 더 많이 이해할수록 우리는 삶 속에서 그리스도의 가르침을 더 잘 통합할 수 있습니다. 실제로 심리학은 우리가 좀 더 책임을 지도록 용기를 북돋웁니다. 우리는 참된 자신 안에서 통찰을 성취할 수 있기 때문입니다. 우리는 자신 안에서 반드시 변화시켜야 할 것을 더 이상 평범한 삶 뒤로 숨길 수도 위장할 수도 없습니다. 복음적 요구는 더 구체적이고 생생하게 되었습니다. 미성숙의 증상인 우리의 죄는 용서받았지만 회개와 회심은 아직도 요구되는 것입니다. 이런 일은 오로지 심리학적 통찰로 가능한 것입니다.

어떤 사람들은 심리학이 종교인 것처럼 생각하지만, 심리학은 종교가 아니며 우리 자신의 이해를 굳건히 하는 수단입니다. 빅터 프랭클이 주도하는 심리학적 사고의 한 학파인 로고테라피 logotherapy는 삶의 의미 추구를 통한 심리 치료로 다른 학파보다 뛰어납니다. 그의 책 『죽음의 수용소에서』에서 이 점이 아름답게 표현되고 있습니다. 그는 삶과 고통에 대한 이해는 삶과 고통 속에서 의미를 발견하는 데 달려 있다고 강조하고 있습니다. "우리가 의미가 있음을 발견한다면 우리는 삶을 살아가는 방법을 찾을 수 있습니다." 그의 책은 복음으로 들어가는 입문서입니다.

예수는 고통과 죽음에 의미를 부여하시고 우리 삶 전체에도 의미를 부여하셨습니다. 그는 해답보다는 의미를 우리에게 부여했습니다. 오늘날 많은 사람이 고통받고 있는 정신적 쇠약은 신경증이나 정신병이 아니라 의미를 찾지 못하는 데 원인이 있습니다. 사람들은 자신의 삶의 의미도 모른 채 목적 없이 방황합니다. 예수는 자신이 누구이며 자신의 삶이 무엇을 의미하는지 잘 알고 계셨습니다. 예수는 "나는 세상의 빛입니다. 나를 따라오는 이는 어둠 속을 걷지 않고 오히려 생명의 빛을 얻을 것입니다"(요한 8,12), "나는 길이요 진리요 생명입니다"(요한 14,6), "나는 부활이요 생명입니다. 나를 믿는 사람은 죽더라도 살 것입니다"(요한 11,25)라고 말씀하셨습니다.

심리학은 우리 자신을 좀 더 깊이 이해하도록 도와주며, 결과적으로 우리가 예수를 더 잘 따를 수 있도록 해 줍니다. 따라서 우리는 심리학을 두려워할 필요가 없고 오히려 알려고 해야 합니다. 그리스 철학자들은 "자신을 알라"라고 충고했습니다. 프로이트는 "자신이 되라"라고 했으며 그리스도는 무엇보다도 "자신을 사랑하라"라고 가르치셨습니다.

4 "하느님의 뜻"

참으로 하느님의 뜻일까요?

가장 빈번하게 잘못 사용되는 종교적 진술 중 하나가 "이는 하느님의 뜻이다"라는 것이 분명합니다. 이 말은 아스피린처럼 달리 설명할 길이 없는 모든 괴로움과 불행에 만병통치약처럼 쓰입니다. 그래서 "하느님의 뜻이다"라는 말은 종교적 상투어가 되어 버렸습니다. 또 가끔은 현실을 부정하기 위해 쓰이는 것처럼 보일 때도 있습니다. 안타까운 일은 우리에게 닥친 모든 잘못된 일이 하느님의 탓으로 돌려짐으로써 하느님이 왜곡되는 것입니다. "하느님의 뜻이다"라고 할 때, 하느님은 인간사에 관해 무관심하고 냉정하고 비이성적이며 잔인하며 조심성이 없는 분으로 느껴집니다. 때로 하느님의 뜻이라는 말은 삶에 대해 대답하기 힘들지만 정직한 질문을 회피하려 할 때 사용되거나, 우리에게 닥친 일의 더 깊은 의미를 헤아려 보기를 외면할 때 일종의 도피로 사용합니다. 아마도 우리가 단지 모든 것의 진정한 괴로움을 느끼고 싶지 않거나 우리의 행동에 대한 책임에 직면하기를 피하려 하기 때문일 것입니다.

저는 사람들이 이 말을 집에 화재가 나서 일가족이 모두 죽은 경우와 같은 큰 재난에서부터 집에서 기르던 개가 죽었을 때와 같이 비교적 사소한 일에까지 아무 경우에나 적용하는 것을 들었습니다. 그러나 과연 그렇게 단정할 수 있을까요? "하느님의 뜻이다"라는 말은 그 뜻을 올바로 이해해야만 하는 매우 신성하고 의미 있는 말입니다.

사도 바오로는 "여러분이 거룩하게 되는 것, 이것이 하느님의 뜻입니다"(1테살 4,3 참조)라고 말했습니다. 하느님께서는 우리가 구원받고 거룩하게 되기를 원하십니다. 하느님께서는 어떻게 이것을 이루십니까? 여러분은 아마도 "기도 중에 그리고 성체성사를 비롯한 다른 성사들을 통해"라고 대답할 것입니다. 맞는 말입니다. 그러나 하느님은 단순히 존재하는 것으로가 아니라 삶이라는 성사를 통해 우리를 거룩하게 하십니다. 사는 것과 존재하는 것은 다릅니다! 우리가 삶의 주체가 되어 있을 때 우리는 사는 것입니다. 그러나 우리가 옆에서 구경하는 소극적인 삶을 영위할 때는 소위 존재한다고 말합니다. 거룩하게 되는 것이란 자신의 삶에 최선을 다하며 풍요롭게 살아가는 것을 말합니다.

물론 이렇게 살 때, 우리는 악과 하느님이라는 영원한 난제에 봉착하게 됩니다. 하느님이 선하시다면 왜 악이 있느냐는 것입니다. 우리가 이 철학적·신학적 논란에 휩쓸리기 전에 하느님께서는 선을 원하시지만 악도 허용하신다는 점을 깨달아야 합니다. 하느님께서는 우리가 자유의지로 나쁜 행동을 하는 것을 간섭하지 않으시며, 우리를 하느님이 조종하는 꼭두각시로 만들지 않으셨습니다. 이것은 선과 악을 행할 자유를 주시고 특히 하느님을 사랑할 선택의 자유를 지닌 인간을 창조하셨을 때 하느님께서 택하신 위험 부담입니다. 사랑은 강요될 수 없습니다.

질병, 실패, 실망, 죄 등의 악이 우리 삶에 닥칠 때 우리는 혼란에 빠지며 "하느님은 어디에 계시는가? 나를 좀 도와주셔야 될 것이 아닌가" 하고 묻게 됩니다. 또 우리가 감당할 수 없는 참사가 일어났을 때, 사고로 인한 친구의 어이없는 죽음이라든지, 희귀한 병으로 아이가 죽어 갈 때, 힘없는 할머니가 잔인한 강도를 만났다든가, 암 혹은 이혼 등 우리에게 닥치는 그 많은 부당한 일을 보면서 우리는 인간을 보살펴 주시는 하느님의 존재 자체를 의심하게 될 뿐 아니라 하느님의 존재를 인정한다고 해도 그분의 공정성과 이유에 대해 회의하게 됩니다.

그러나 믿음이 있는 사람은 하느님이 항상 우리와 함께 계심을 믿습니다. 사도 바오로는 하느님이 악으로부터 선을 드러내신다고 했습니다. 하느님께서는 당신의 방법으로 항상 역사하시며,

자신의 때를 참고 기다리시면서 하느님 나라에 구원의 섭리를 천천히 수놓고 계십니다. 그렇지만 실질적으로 말하면, 하느님은 우리가 우리에게 닥친 악에 대처하기를 원하십니다. 내게 아무런 잘못도 없이 일어난 자동차 사고는 하느님께서 뜻하신 것이 아닙니다. 그러나 하느님께서는 고통스럽고 좌절시키는 사건을 이용하여 우리가 이런 어려움에 직면했을 때 자신에게 약이 되도록 성장과 성화의 계기로 삼기를 원하십니다.

비극적인 사건에 직면하여 자신이 처리해야 할 자명한 일이 있음에도 불구하고 사람들은 "하느님의 뜻"으로 규정하기 위해 마음속으로 온갖 곡예를 다 시도하는 것을 볼 수 있습니다. 이것은 일종의 도피로, 명백한 사실을 부정하고, 일어난 일의 현실을 받아들이기를 거부하는 것입니다. 하느님께서는 우리에게 일어난 일이 좋은 일이든 나쁜 일이든, 합리적이든 비합리적이든, 타당하든 아니든 있는 그대로 직면하기를 원하십니다. 그러나 악을 묵인하라는 것은 아니고 그것에 과감히 맞서 가능하다면 변화시키기를 원하십니다.

이혼은 하느님께서 뜻하지도 행하지도 않은 정서적 비극입니다. 그러나 이런 비극이 일어나도 하느님께서는 이로 인해 파괴되지 않고 사람들이 현실에 직면하여 더 나은 인간이 되도록 힘쓰기를 원하십니다. 이혼을 막기 위해 모든 노력을 다한 뒤 그래도 피할 수 없으면 받아들이며 자신의 삶을 계속 살아가야 합니다. 인간이 죽는 것처럼 어떤 결혼은 깨어지는 것입니다.

하느님의 뜻은 우리 앞에 놓인 과거·현재·미래의 현실 어딘가에 항상 존재합니다. 그 현실은 분명하며 그 안에 하느님의 뜻이 있습니다. 한 가지 확실한 것은 우리가 모든 것을 올바르게 할 수 있는 만큼 실행하며 삶을 살아가는 것입니다. 우리에게는 언제나 옳고 정당한 일만 일어나지 않습니다. 그리스도의 죽음 역시 정당한 것이 아니었지만 그로 인해 우리에게 구원을 가져 왔습니다. 그리스도께서는 우리 곁을 떠나시면서 우리에게 하나의 메시지와 본보기를 보여 주셨는데 그것은 바로 "아버지, 아버지께서 하고자 하신다면 이 잔을 저에게서 거두어 주소서. 그러나 제 뜻이 아니라 아버지의 뜻이 이루어지게 하소서"(루카 22, 42)라는 기도였습니다.

때때로 우리의 삶을 영위하는 데 혼란스럽고 고통스러운 것이 현실일 수도 있습니다. 하느님의 뜻은 우리가 이것을 직면하여 극복하려고 애쓰라는 것입니다. 이것은 심리 치료가 시도하려는 것으로 심리 치료는 일상생활의 불행한 현실에 우리가 직면하여 대처하도록 도우며 우리의 제한된 자원을 동원하여 최선을 다하도록 북돋아 주는 것입니다. 바로 이 점이 십자가를 진다는 것을 의미합니다. 우리의 운명은 예정된 것이거나 운명적 사건에 수동적으로밖에 대처하지 못하는 것이 아니라 우리 삶이라는 전례에 적극적으로 참여하는 것입니다. "여러분은 나를 기억하여 이를 행하시오"(루카 22,19).

하느님의 뜻은, 우리가 매일의 삶에서 불확실함, 모호함, 좌절 등을 해결하려고 노력하라는 것입니다. 하느님의 뜻은 명백히 정해져 있는 방향이 아니라 우리가 살아가는 현재의 장소에서 접하는 엄연한 현실입니다. 우리가 현실적으로 범하는 죄와 잘못으로 빚어진 결말조차도 우리가 직면하고 받아들여야만 하는 새로운 현실이 됩니다.

바꾸어 말하면 하느님이 우리에게 마지막으로 묻는 것은 "네가 성공했느냐?"가 아니고 "네 삶의 현실에 직면했느냐?"입니다. 사실 이 질문이 우리가 스스로에게 끊임없이 묻는 최종 판결이 아니겠습니까? 우리 시대의 한 가지 불행한 일면은 사람들이 현실을 피하는 것이며, 피하려고 할수록 점점 더 혼란에 빠져 불행해진다는 것입니다.

그렇다면 이 모든 것은 정신 건강과 어떻게 연관됩니까? 흥미 있는 사실은 어떤 사람의 정신적·정서적 건강을 평가하는 가장 근본적인 기준 중 하나가 그 사람이 현실을 제대로 파악하고 있느냐는 것이며, 만일 그렇다면 현실을 어떻게 대처하고 있느냐는 것입니다. 아무리 현실이 어렵고 고통스러울지라도, 현실을 잘 알고 대처할수록 정신적으로나 정서적으로 더 건강한 사람이며 자존감도 한층 더 깊어집니다.

하느님의 뜻과 현실과 그리고 우리의 정신 건강 사이에는 피할 수 없는 연관 관계가 있습니다. 매일의 삶에서 하느님의 뜻은 신비로운 것이 아닙니다. 하느님의 뜻은 항상 우리 앞에 있습니다. 다만 우리가 현실을 직면하여 받아들이기를 거부할 때 하느님의 뜻이 신비로운 것이 되는 것입니다.

하느님의 뜻은 '우리가 거룩하게 되는 것'입니다. 우리는 우리 삶의 현실을 통해 거룩하게 됩니다. 이 방법이 바로 구원에 이르는 길입니다. 이런 자세는 주어진 과제에 의미를 부여하는 것뿐 아니라 바로 우리 영적 생활의 모든 것으로 예수의 마음과 영혼과 태도로 현재의 현실을 대하는 것입니다. 예수는 "나는 나를 보내신 분의 뜻을 행하러 왔다"라고 말씀하셨습니다. 예수는 현실주의자였으며, 우리가 현실을 직면하고 자신과 우리를 둘러싼 환경을 초월할 수 있는 방법을 가르치셨습니다.

우리 모두는 신앙심도 깊고 영적인 사람이라고 여겨지는 사람들이 자기 삶의 현실을 직면하거나 받아들이는 것에 저항하고 완고함을 보이며 현실을 하느님의 뜻으로 인식하지 못하는 것을 흔하게 접합니다. 우리는 이런 영성이 참된 것인지 자문해 보아야 합니다.

예수는 결코 악의 문제에 대해 숙고하지 않았지만, 딱 한 번 매우 현실적으로 밀과 가라지의 비유로 이 문제를 어떻게 처리해야 하는지 제시하셨습니다. 어떤 사람이 밀 가운데 가라지를 덧뿌리고 간 것을 집안의 종이 발견했습니다. 주인은 종에게 가라지를 뽑다가 밀도 뽑힐 것을 우려하여 가라지를 뽑지 말고 "그냥 둘 다 함께 자라도록 내버려 두어라"라고 일렀습니다. 예수는 악에 대해 다음과 같은 것을 알려 주십니다. 즉, 우리는 악에 직면해야 하며 악을 다루어야 하지만 악이 우리를 지배하게 허용해서는 안 된다는 것입니다.

    이 장은 이 세계에서 일어나는 모든 광기, 비극, 불의에 대해 설명하거나 그 해답을 주려는 것이 아닙니다. 여기서 다룰 수 있는 범위에서 벗어나며 분명히 밝히기도 불가능합니다. 다만 믿음 있는 사람으로서 우리를 위한 하느님의 뜻은 우리 생활의 매일의 현실을 직면하고 다루는 것임을 재확인하려는 것입니다.

5 분노

좋은 것입니까, 나쁜 것입니까?

우리가 이해하고 다루도록 배운 적이 없는 하나의 감정이 있다면 분노일 것입니다. 우리가 어떻게 다루어야 할지 확신하지 못하기 때문에, 분노는 종종 우리의 발전을 저해할 수 있습니다. 분노는 우리를 조종하거나 불안에 싸이게 하고 불건전한 죄책감에 사로잡히게 할 수도 있습니다. 그래서 우리는 분노를 부정적인 측면에서 보는 경향이 있으며 결과적으로 어떻게 해서라도 피하거나 막아 보려고 노력합니다. 이렇게 하는 한, 우리는 정서적으로 성숙하지 못하고, 우리의 성장을 저해하며, 우리 자신에게 불필요한 문제들을 일으킵니다. 우리가 분노를 처리할 수 없다면 우리는 결코 전인적인 인간이 될 수 없습니다.

분노는 인간적 성숙과 건전한 인간관계에 절대적으로 필요합니다. 분노는 근본적으로 좋은 감정이며 분명 죄스러운 감정이 아닙니다. 우리가 적절하게 다루고 표출할 수만 있다면 분노는 하나의 덕목으로 여겨질 수 있으며 또한 당연히 그래야 합니다.

분노는 제가 대하는 모든 내담자에게 큰 쟁점이며, 올바르게 이해되거나 사용되지 않아서 많은 정서적·정신적·육체적·인간적 관계의 문제들을 유발시키는 근본적인 원인이 되곤 합니다. 자주 우리는 분노를 인식하지 못하므로 분노는 검진되지도 치료되지도 않습니다. 분노는 문제를 가진 모든 부부 관계나 가족 관계에 있어서 해결되지 않은 쟁점입니다. 심지어 분노는 우리와 하느님과의 관계에서도 나타납니다.

불건전한 형태의 분노에 관한 예를 몇 가지 들어 보겠습니다. 교양 있는 남성인 톰은 최근 일상생활에서 사람들, 특히 직장 동료들에게 무척 분노를 품고 있었습니다. 그는 그 분노를 처리할 수 없었습니다. 결국 그는 우울증에 걸려 병원 신세를 지게 되었습니다. 심한 우울증에 시달리고 있는 베티는 갑자기 죽은 남편에 대한 상실감을 극복하지 못하고 있었습니다. 그녀는 그러한 상실감을 이해할 수 없으며 자신이 특히 하느님에게 분노하고 있다는 것을 인정할 수가 없었습니다. 샌디에이고의 집단 살인자는 맥도널드에서 스물두 명에게 치명적인 총상을 입혔습니다. 그는 엄청난 분노를 품고 있었던 사람이었습니다. 제인과 피터의 결혼 생활은 파탄에 이르고 있습니다. 그들에게는 많은 분노가 숨어 있으므로 성생활도 없습니다. 열두 살인 사라는 어머니에게 무척 화가 나 있어 온갖 두통과 위장 장애를 겪고 있지만 사라가 그 분노를 표출하지 않고 있으므로 그녀의 어머니는 이 사실을 모르고 있습니다. 불안과 가슴 통증을 호소하고 있는 조엘은 그의 아내와 아들 그리고 직장 상사에게 매우 화가 나 있는 상태지만 자신의 분노를 어떻게 처리할 줄 몰라 숨기고 있으며 일상생활에서 만나는 사람들에게 줄곧 과민하고 불쾌한 감정을 품고 있습니다.

우리가 느끼는 분노에 관해 긍정적인 자세를 기르는 것이 중요하며, 무엇보다 분노를 인식하고 인정하는 것이 중요합니다. 만일 우리가 나의 분노를 인식한다면 타인의 분노 또한 인식할 수 있습니다. 우리가 품는 다른 감정들처럼 분노를 인정한다면, 우리는 분노도 인간성의 또 다른 한 면으로 보게 될 것입니다.

우리는 분노를 느끼고, 다루고, 드러내야 합니다. 우리는 분노를 의식하고 편한 마음으로 표출하도록 허용해야 합니다. 우리는 "무엇에 대해 내가 화가 나 있는가?, 내가 누구에게 화가 나 있는가?"라고 자문해야 합니다. 우리는 '이치에 맞는 분노'와 '이치에 맞지 않는 분노', 즉 '합당한 분노'와 '합당하지 않은 분노'를 구별할 수 있어야 합니다. 마지막으로 우리는 분노를 적절하게 드러내야 합니다. 즉, 적절한 때와 장소에서 적절한 방법으로 표출해야 합니다.

우리는 화가 나 있다는 사실과 그로 인한 결과에 대해 책임을 져야 합니다. 즉, 우리는 우리의 분노를 인정해야 합니다. 우리는 화가 났거나 분노를 느끼는 것에 부끄러워해서는 안 됩니다. 이렇게 함으로써 우리는 분노를 통제할 수 있습니다.

성경이 분노에 대한 개념과 경험을 어떻게 다루고 있는지 살펴보는 것은 흥미로운 일입니다. 성경에는 하느님께서 자주 '분노해 계신' 것으로 묘사되고 있습니다. 심리 치료적 기도, 즉 실로 자신의 감정을 표출하는 예가 되는 시편의 저자는 머리가 아니라 마음으로 기도하고 있으며 우리는 시편에서 많은 분노를 발견합니다. 시편 38편에서는 "주님, 당신 분노로 저를 벌하지 마소서", 시편 90편에서는 "저희는 당신의 진노로 스러져 가고 당신의 분노로 소스라칩니다"라고 표현하고 있습니다. 예레미야도 "그 마음에 품으신 대로 하신 다음에야 야훼의 분노는 가라앉으리라" 하고 말합니다. 민수기에서도 "하느님은 선택된 백성의 죄와 불충으로 인해 화를 내시는" 분으로 종종 묘사됩니다.

예수는 때때로 율법 학자와 바리사이 그리고 제자들에게 화가 나서 분노를 드러내셨습니다. 그는 "불행하도다, 너희 위선자 율법 학자와 바리사이들아! 눈먼 바리사이들아!"(마태 23장 참조) 하고 질타하셨습니다. 예수는 화를 내시며 직설적으로 그들의 잘못을 깨우치셨습니다. 언젠가 예수는 마음이 상하고 화가 나서 베드로에게 "사탄아, 물러가라"(마태 16,23 참조)라고 혹독한 말씀까지 하셨습니다. 우리는 분노하는 예수께 거북함을 느낄지 모르지만 그 역시 인간이었으며, 분노와 씨름하는 것이 인간의 한 측면입니다.

그러면 언제 분노는 그릇되고, 파괴적이고, 성숙하지 못하며 죄악이 되는 것입니까? 우리가 문제 있는 분노에 대해 말할 때는 건전하고 적절한 분노가 아니라 적절하지 않은 과잉 반응 또는 소극적 반응을 포함하는 양극단의 분노에 대해 말하는 것입니다.

소극적으로 반응할 때 우리는 거의 무의식적으로 자신의 분노를 억압하거나 은폐해 버려 우리가 분노하고 있는지조차 깨닫지 못합니다. 분노를 억압하는 것은 자신에게 할 수 있는 가장 위험한 것 가운데 하나입니다. 우리가 분노를 억제하고 있는 한 자신에게 솔직하게 처신하고 있지 않다는 것을 깨닫는 것이 중요합니다. 무엇보다도 우리는 자신에게나 우리가 대하는 사람들에게도 정직하지 못한 것입니다. 또 우리는 분노를 은폐해 버리는데, 이는 억압하는 것보다는 분노를 좀 더 의식하고 있지만, 분노를 차단하고 부인하며, 겉으로 드러나지 않게 해 버리는 것입니다. 이 또한 정직하지 못한 것입니다. 속으로는 이를 갈면서도 겉으로는 미소를 머금고 "나, 화나지 않았어"라고 말합니다. 또는 '지능적'으로 또는 '합리화'시켜 자신의 분노를 제거하려고 할 수도 있습니다. 하지만 분노는 여전히 우리 속에 남아 있는 것입니다. 분노의 감정을 이렇게 억압하거나 은폐하는 것은 많은 정서적·정신적·영성적·인간적 문제에 엉켜 있는 실이기 때문입니다.

우리가 분노에 대해 과잉 반응을 보일 때 분노는 통제되지 않습니다. 이것은 화, 격노, 격분으로 표출되며 폭력의 결과를 낳을 수도 있습니다. 당신은 언제나 성을 내고 흥분하는 사람들에게서 이런 과잉 반응을 발견할 수 있습니다. 그 사람은 불쾌하고 미움받기 쉽게 행동합니다.

소극적인 반응이나 과잉 반응 모두 우리가 피하고 싶어 하는 극단적인 분노이며, 파괴적이며 죄악이 될 수도 있는 분노를 표출하는 두 가지 방법입니다. 우리는 분노를 두려워합니다.

우리는 분노를 두려워하기 때문에 감추려 합니다. 우리가 과잉 반응을 하게 되면 분노가 우리를 조종해 버리기 때문에 우리는 과잉 반응을 두려워합니다. 마찬가지로 우리는 건전하지 못한 부적절한 두 가지 형태의 분노에 대해 죄책감을 갖게 됩니다. 우리의 분노를 있는 그대로 지각하지 않는 한 우리는 우리의 삶을 통제하지 못합니다. 우리는 살인하고 싶은 감정에 이르기까지 과잉 반응의 감정을 가질 수 있지만, 그것은 잘못된 것이 아닙니다. 잘못은 행동에 있는 것이지 감정에 있는 것이 아닙니다.

만일 감추어진 분노가 표면으로 노출되어 다루어지지 않는다면 그것은 어떤 다른 형태로 나타납니다. 그것은 종종 심리적·육체적 또는 심신적 문제로 드러납니다. 사람들은 대장염, 가슴 통증, 탈모, 두통, 궤양 등 신체적인 통증에 대해 말하곤 하지만 실제 문제는 그들이 처리하지 않은 분노, 즉 그들이 은폐하고 억제하며 회피해 온 분노일 수 있습니다. 그래서 그 분노는 재발한 것입니다. 일종의 물리학 법칙과 같습니다. 우리가 무엇을 밀어 내리면 그것은 다른 형태나 다른 곳으로 올라가게 됩니다. 일상적인 우울증은 대부분의 경우 내적으로 전환된 분노입니다. 삶과 현실의 단절과 관련된 많은 정신적 장애의 주요 원인 중 하나는 인식되지 않은 분노 또는 처리되지 않고 방치된 분노입니다. 방치된 분노는 또한 영적으로도 영향을 끼칩니다. 우리는 영적으로 메마르거나 삶이 무의미하고 가치 없다고 괴로워하게 됩니다. 이럴 때 우리는 하느님으로부터 멀어짐을 느낍니다.

분노를 해결하지 않으면 폭력이나 격노의 폭발로 이어질 수 있습니다. 우리는 겉보기에 조용한 사람이 기이한 행동을 할 때 "그는 미쳤어"라고 말합니다. 어떤 사람들은 매우 침착하고 절대로 화를 내지도 않아서 모범으로 제시될 정도입니다. 그들은 '절대로 화를 내지 않습니다'. 이러한 사람들에게서 우리는 대체로 분노의 감정과 기이한 행동으로 표출되는 다른 해소되지 않은 감정들이 쌓여 있는 것을 발견합니다.

당신은 종종 이런 사람들 안에서 해결되지 않은 분노의 표시를 알 수 있습니다. 이런 표시는 사소한 자극에 대한 과잉 반응, 돌발적 폭력, 물건을 부수거나 던짐, 벽을 주먹으로 치는 것 등입니다. 우리가 감정을 억제하거나 은폐할 때, 한 예로 자녀가 저녁 식사 시간에 또 늦게 오는 사소한 일에 우리는 결국 과잉 반응을 보이거나 분노를 폭발해 버립니다. 우리가 먼저 해야 했던 행동은 우리가 자녀에게 화가 나 있으며 왜 우리가 화를 내는지에 대해 말하는 것입니다. 그러면 우리의 정당한 분노는 적절한 방법으로 표출되었을 것입니다.

분노의 순환 과정은 다음과 같습니다. 당신은 분노를 폭발한 후 "내가 얼마나 바보 같은 행동을 했는가! 다시는 화를 내지 않겠다" 하고 자신에게 말합니다. 이런 식으로 자신의 분노를 접어 두지만 곧 과잉 반응을 또다시 보입니다. 이것은 파괴적인 패턴입니다. 분노의 폭발에 이어 불안감이 생기는데, 이 불안감은 자존감과 자기 가치의 상실 그리고 죄책감에서 유발된 것입니다.

많은 범죄자와 성격장애가 있는 사람들은 실제로 분노를 품고 있는 사람들입니다. 그들은 자신에게 일어났던 일, 특히 어린 시절에 일어났던 일에 대해 분노하고 있습니다. 지금 그들이 사회에서 그 분노를 드러내고 있는 것입니다. 그들은 어린 시절의 분노를 아직 해결하지 않았으며 화를 내는 행동을 분명히 하고 있음에도 자신이 분노하고 있음을 결코 인정하지 않으려는 사람들입니다.

우리가 '화가 난 상태'와 '화내는 사람'의 차이를 깨닫는 것은 매우 중요합니다. 화가 나면 그것을 극복하여 풀면 그만입니다. 우리는 항상 화내는 사람으로 인식되는 화가 난 상태에 머물기를 원치 않습니다. 언제나 화를 내는 사람은 과거로부터 또는 심지어 현재에도 존재하는 수많은 해결되지 않은 갈등에 의해 조종당하는 사람입니다. 결국 그들은 자신의 인생에서 해결되지 않은 많은 면에 대해 화를 내고 있는 것입니다.

우리가 느끼고 있는 분노를 해결하지 않으면 우리의 인간관계는 분개와 쓰라림과 적의라는 결과를 낳습니다. 우리는 문제 있는 가정이나 고통받고 있는 부부 관계에서도 이 점을 잘 알 수 있습니다. 후자의 경우 분노는 자주 혼외정사와 관계가 있습니다. 대다수의 혼외정사는 그 자체 내에 모종의 분노의 요소가 있습니다. 혼외정사 관련자들은 처음에는 자신의 어떤 분노도 일체 부인하지만 더 면밀하게 조사해 보면 결국 그러한 분노가 있음을 알게 됩니다.

분노는 폭발하기도 하지만 어떤 경우에는 침묵이나 냉정함으로 표현되기도 합니다. 배우자나 친밀한 사람에게 앙갚음하는 것은 가장 잔인한 방법 중 하나입니다. 이 방면의 정서적 학대는 가족이나 부부 관계에서 괴로움을 겪는 육체적 학대보다 훨씬 더 흔합니다.

다시 말하면 사람들이 자신의 분노를 건전하고 적절한 방법으로 분명하게 표출하지 않기 때문에 오해가 발생합니다. 예를 들면, 내가 어떤 일을 하여 당신이 나에게 화가 났지만 나에게 말하지 않는다면, 나는 이것을 당신이 나에게 동의한다는 것으로 해석합니다. 나는 당신이 마음속 깊이 화가 난 감정을 품고 있으며 당신이 실제로 나에게 동의하지 않는다는 것을 알 수 없습니다. 나는 당신이 나에게 솔직하지 않게 처신하고 있다는 것을 모릅니다. 이것이 파괴적인 것입니다.

우리는 서로 때리면서 현관문을 뛰쳐나오는 존스 부부를 거리에서 볼지도 모릅니다. 다른 가족은 모두 집 안에 그대로 있고, 경찰이 그들을 말리러 옵니다. 우리는 "존스 부부를 좀 봐. 또 싸우고 있잖아. 우리는 저들과 달라서 다행이지"라고 말합니다. 맞는 말인지 모릅니다. 존스 부부의 분노는 통제하기가 불가능합니다. 그러나 옆집은 어떻습니까? 그들도 존스 부부와 마찬가지로 화가 나 있지만 그들의 분노는 깊숙이 들어가 표출되지 않고 있으며 장기적으로 어떤 결과가 될지는 아무도 모릅니다. 분노가 인식되지 않고 적절하게 해결되지 않으므로 인해 우리의 삶에 미치는 파괴와 고통의 정도는 우리의 이해를 넘어섭니다. 어떤 면에서 존스 부부는 그들의 이웃보다 서로에게 더 정직한지 모릅니다.

분노는 성숙한 인간관계를 위해 절대적으로 필요합니다. 내가 당신과 친해지면 질수록 우리 서로가 자신을 개방하는 것이 더욱더 필요합니다. 그리고 이 말은 때때로 자신의 분노를 서로에게 드러내 보이는 것을 의미합니다. 그러나 우리는 이렇게 하기를 두려워합니다. 왜 그럴까요? 그 이유는 우리가 서로에게 상처를 입힐 것이라고 느끼기 때문입니다. 물론 우리가 서로에게 솔직해지려면 우리는 서로 상처를 입히게 될 것입니다. 이것은 건전한 인간관계에서 자명한 이치입니다.

그럼에도 적절한 정직과 부적절한 정직 사이에는 구별이 있습니다. "왜? 느림보 같으니, 어쩌다 그렇게 늦었니? 너는 머리가 그렇게 나쁘니!" 이것은 부적절한 정직입니다. 이것은 불필요하게 상처 입히는 방법으로 표출되는 분노입니다. 그러나 저는 "나는 너에게 화가 난다. 너는 이번 주만 세 번이나 기다리게 했잖아"라고 말할 수 있습니다. 상대방은 상처를 받을지도 모르겠으나 제가 건강하고 모욕적이 아닌 방법으로 분노를 표출했기에 이것을 받아들일 수 있을 것입니다. 이런 정직한 상처는 건강하고 친밀한 관계에서는 불가피한 것입니다.

우리는 종종 다른 사람이 나를 싫어하거나 미워할까 두려워 자신의 분노를 표출하지 않습니다. 이것은 불안감에서 나오는 말입니다. 또는 우정을 깨뜨릴까 봐 두려워 분노를 표출하지 않습니다. 이런 관계 속에 무슨 우정이 있습니까? 우리가 화가 난 자신의 감정을 친구에게 솔직하게 표현하지 못한다면 우리는 그 친구가 없는 데서 이야기하거나 그 친구에게 냉담해질 수도 있습니다. 이런 정도까지 이르게 되는 관계라면 처음부터 좋은 관계가 아닙니다.

아마 우리가 자신의 분노를 드러내지 않는 것은 우리에게 곧바로 되돌아올지도 모르는 분노를 두려워하기 때문일 것입니다. 우리가 상대방의 분노를 두려워한다면 우리는 상대방에게 위협을 당하거나 조종당할 수 있습니다. 그것은 건전한 인간관계가 아닙니다. 부모가 자녀의 분노를 두려워할지도 모릅니다. 혹은 배우자가 상대방의 성난 반응이 두려워 침묵하거나 상대방의 분노를 피하기 위해 분노를 드러내지 않습니다. 이런 부부는 정상적인 남편과 아내의 관계라기보다는 부모와 자녀의 관계를 반영한 부부입니다. 만약 자신의 분노에 마음이 편안하지 않으면 다른 사람의 분노에도 그다지 마음이 편하지는 않을 것입니다.

또 자신의 분노에 대한 불편함이 웃음으로 부적절하게 표출될 수도 있습니다. 당신은 당연히 화를 내야 할 때 웃는 사람을 본 적이 있습니까? 그들은 그 상황이 불편해서 어떻게 그 상황을 처리해야 하는지 모릅니다. 그래서 그들은 신경증적으로 웃어넘기며 자리를 뜹니다. 생각해 봅시다. 우리가 화가 났을 때 우리는 어떻게 처리해야 될지 모른다고 웃어 버립니까? 우리가 자신의 분노에 친숙하지 않은 것은 우리 자신을 믿지 않는다는 것을 의미하며 이는 결과적으로 타인과의 관계에서도 우리 자신을 믿을 수 없다는 것을 의미합니다. 그리고 우리 마음이 분노에 대한 두려움으로 조종당하는 한 우리는 자유로울 수 없습니다.

종종 사람들은 갈등을 초래할까 봐 자신의 분노를 표출하지 않습니다. 우리가 갈등을 원하지 않는 것은 명백한 사실입니다. 그러나 갈등은 필요하며 모든 인간관계에서 볼 수 있는 건강한 양상입니다.

오늘날 폭력보다는 침묵 때문에 더 많은 부부 관계와 가정이 파괴되고 있습니다. 나와 상담하는 열 부부 또는 가정 가운데 아홉은 이와 같은 상황에 놓여 있습니다. 침묵, 억제된 분노, 표출되지 않은 적의, 냉정함, 이 모든 것은 사람들이 서로 보복하려 하는 건강하지 못하고 정도에서 벗어난 방법입니다. 그러나 이따금 가족 구성원들이 서로 고함을 지르거나 비명을 지르기 시작합니다. 이것은 분위기를 바꿀 좋은 기회입니다. 가끔 나는 상담실 중앙에 서서 교통순경처럼 손을 들어야 합니다. 그러나 나는 이러한 가정의 행동이 모든 것을 안으로 삭이고 있는 가정보다 더 건강한 행동이라고 생각합니다. 이와 같은 상황에서 사람들은 적어도 다른 사람이 무엇을 생각하며 느끼고 있는지 알게 됩니다.

분노는 자주 갈등이나 폭력으로 혼동되지만 그것들은 동의어가 아닙니다. 분노는 폭력을 의미하지 않습니다. 분노는 분노일 뿐입니다. 폭력은 통제되지 못한 분노입니다. 오늘날 미국의 대중매체가 종종 가정 내 폭력에 초점을 맞춥니다. 이 초점은 심리 치료사들이 말하려는 것, 즉 분노를 표출하는 것이 중요하고 건강한 것이며 우리는 어떻게 분노를 다룰지 배워야 한다는 것과 역행할 수 있습니다. 그러나 대중매체에서는 적절한 설명을 하지 않기에 사람들로 하여금 분노를 삭여야 한다고 생각하도록 유도합니다. 대중매체가 이 분야의 행동을 다루려면 그들을 더 심층적으로 다루어야 하며, 분노와 폭력을 혼동함으로써, 또한 폭력에 대해 경고하려고 할 때 사람들이 분노를 무의식적으로 두려워하도록 유도함으로써 문제를 복잡하게 만들지 말아야 합니다. 때때로 적절한 분노도 갈등의 원인이 될 것입니다. 그렇지만 정당한 갈등은 건강한 인간관계에서 불가피한 것입니다.

우리가 자신의 분노를 상대방에게 드러낼 때 갈등이나 문제가 풀리곤 합니다. 사람들은 "내가 화가 나 있다는 것을 말하는 것이 무슨 소용이 있느냐? 이것은 소용없다"라고 말할 수 있습니다. 그러나 그렇게 말하는 것은 진정 도움이 됩니다. 당장 문제 해결이 안 될지는 모르지만 분노를 드러냄으로써 또 다른 해결이 이루어지기도 합니다. 각자의 위치가 분명해지고 서로 어떤 상태에 놓여 있는지 알게 되며 서로의 메시지가 전해져 사람들은 서로에게 더 민감하게 됩니다. 예를 들면, 아버지가 아들에게 "쓰레기를 버려라" 하고 말합니다. 삼십 분 후에 또다시 말합니다. 한 시간 후에 "야, 이놈아, 쓰레기를 갖다 버리라고 했잖아!"라고 말합니다. 아들은 벌떡 일어나 쓰레기를 갖다 버리면서 "알았어요. 알았단 말이에요. 그렇게 큰 소리 칠 필요는 없잖아요"라고 말합니다. 아들은 아마도 처음 두 번은 듣지 못했을 수도 있습니다. 때때로 우리는 말 속에 감정이 들어 있는지, 즉 말 속에 어떤 분노가 숨어 있는지 확인해야 합니다. 결과가 반드시 잇달아 일어나기 때문입니다.

우리가 특히 친밀한 관계에서 자신의 분노를 서로 드러낼 때 우리는 서로에게 민감해집니다. 우리는 상대방이 무엇을 좋아하고 무엇을 싫어하며 무엇에 상처받는지 알게 됩니다. 당신이 분노를 표출할 때, 나는 당신이 상처 입었음을 알게 됩니다. 당신에게는 중요하여 쉽게 넘어갈 수 없다는 것을 당신은 진정으로 드러냅니다. 그러면 나는 나의 말과 행동을 재고합니다. 나는 또한 나에게 화를 내고 있을 때 당신이 신경을 쓰고 있음을 알게 됩니다. 당신은 내가 한 말이나 행동에 화가 났음을 말하기 위해 시간과 에너지를 쓰고 있습니다. 이것은 관심을 드러내는 것이며 사랑의 행위입니다.

　반대로 나의 분노를 드러내고 싶지 않을 때 "나는 당신에 대해 관심이 없다"는 것처럼 무관심할지도 모릅니다. 우리는 서로에게 "나는 당신의 말이나 행동에 대해 분노를 느끼고 있다"라고 말할 필요가 있습니다. 긴 연설은 필요 없습니다. 감정에 대한 아주 짧은 진술로 충분합니다. 만약 우리가 이렇게 한다면 우리는 서로의 다른 점을 배울 겁니다. 다른 점을 극복함으로써 우리는 타협하거나 다른 이들과 함께 살아가는 방법을 배웁니다. 우리가 인간관계를 발달시키는 일은 서로 다른 점을 인정하는 맥락 속에서 이루어집니다. 다른 점을 극복하지 못하면 결국 가족들은 멀어집니다.

　우리는 화가 났을 때 안정될 때까지 우리 자신과 상대방에게 시간을 줘야 합니다. 사람마다 '안정 체계'가 다릅니다. 어떤 사람은 다른 사람보다 빨리 안정을 찾습니다. 우리는 우리 자신과 다른 사람에 대해 알아야 합니다. 우리가 상처받고 화가 났을 때 다른 사람을 용서할 수 있지만 우리 스스로 잊어버리거나 치유하거나 안정을 찾을 시간을 줘야 함을 명심해야 합니다. 감정은 오랜 시간 동안 지속될 수 있기 때문입니다. 다른 사람에게 우리의 분노를 표출하는 것이 인간관계를 튼튼히 할 수 있지만 어떤 경우에는 인간관계나 부부 관계까지 끝장나게 하는 요인이 될 수 있습니다. 간혹 우리는 어떤 관계가 더 이상 존재하지 않거나 우리가 생각했던 것과는 전혀 다르다는 것을 알아야 합니다.

참으로 분노는 건강한 의사소통을 위해 필요합니다. 화를 내지 않는다면 인간관계가 이루어질 수 없습니다. 우리는 분노와 갈등을 어떻게 처리하는지에 대한 이해를 우리의 가정에서 배웁니다. 우리의 부모도 화를 내었습니까? 그들도 과잉 반응을 보였습니까? 우리는 아마도 우리 부모가 했던 방식대로 분노를 처리할 것입니다. 그렇다면 우리 가정의 배경을 통해 분노를 정밀 검사하고 회상하며 현실적으로 깨닫는 것이 현명합니다. 우리는 분노에 대해 어떤 태도를 물려받았는지 알아야 합니다. 가끔 우리는 과잉 반응을 보이거나 갈등에 직면하기를 꺼려 다른 방향으로 나아갈 수도 있습니다. 이것이 우리가 우리의 가정 배경을 정밀 검사해야 하는 이유입니다. 우리는 맹목적으로 부모를 모방해서는 안 되며 정반대의 극단으로 치달아도 안 됩니다. 우리는 균형을 찾으려고 노력해야 합니다.

부모는 적절한 분노와 부적절한 분노를 자녀들에게 가르쳐야 하며 분노를 표출하도록 허용해야 합니다. 그들은 결코 자녀들이 분노를 표출하는 것을 비난해서도 안 되며 오히려 어떻게 분노를 표출하는지를 보여 줘야 합니다. "우리는 무력을 사용하지 않고 그런 유형의 언어를 사용하지도 않는다." 이런 식으로 자녀들은 유익한 분노와 해로운 분노의 차이를 배우기 시작합니다. 어떤 사람이 화를 내는 것을 허용한다는 것이 내가 그 사람에게 반드시 동의한다는 의미는 아닙니다. 어린이들에게는 화를 낼 권리가 있고, 그들은 부모가 내는 화에 귀를 기울여야 하며 적절한 방법으로 분노를 처리할 수 있어야 합니다.

분노는 좋은 것이든 나쁜 것이든 하나의 힘입니다. 그것은 우리의 정신적·신체적·정서적·영적 건강이나 성숙뿐만 아니라 인간적 관계의 더 건강한 기능과 향상을 위해 유도되고 이용될 수 있습니다. 더 나아가 부부생활의 많은 성기능 장애 저변에는 억압된 분노가 자리 잡고 있음을 아는 것도 중요합니다. 이 말은 우리가 두려움이나 죄책감 없이 분노를 깨닫고 접해야 하는 것을 의미합니다. 우리가 격노를 느끼거나 누군가를 꾸짖고 싶을지라도 이 자체는 감정일 뿐입니다. 우리는 자신에게 분노를 체험하도록 허용해야 하며 불편함에 친숙해지는 법을 배워야 합니다. 우리는 하느님이나 교회 공동체, 배우자나 아이들 그리고 살아 계시든 돌아가셨든 자신의 부모에게 화를 내도록 스스로에게 허용해야 합니다. 분노를 허용하십시오.

또한 우리는 내면의 분노를 처리할 수 있어야 하며 그렇게 하는 데 우리의 지성을 사용해야 합니다. 우리는 따로 시간을 내어 자신의 분노에 관해 추론하고 숙고해야 합니다. 자신의 분노를 이해하고서 우리는 비논리적인 것에서 논리적인 것으로, 비합리적인 것에서 합리적인 것으로 분노의 모든 요소를 정확히 가려내야 합니다. 우리는 반응과 과잉 반응의 차이를 배워야 합니다. 가능하면 분노에 즉시 반응하는 것이 우리의 목적입니다. 상황 때문에 가끔은 분노에 대한 반응을 지연시켜야 합니다. 우리는 냉정해야 합니다. 만일 화가 머리끝까지 치밀었다면 우리는 어떻게 하면 진정하고 적절한 방법으로 분노를 표출해야 하는지 배워야 합니다. 우리는 분노를 시기와 장소 그리고 어조의 측면에서 더욱 넓게 봅니다. 우리가 분노에 대해 과잉 반응하고 있다면 소리 내어 표현하는 것이 도움이 됩니다. 우리는 홀로 있는 차 안이나 산책을 하는 동안 소리칠 수 있습니다. 우리는 화난 사실에 대해 친구와 이야기를 나누고, 아마 당사자에게 과잉 반응을 보일 수도 있을 겁니다. 우리는 다음 날 아침에 분노가 더 적절할 수 있도록 하룻밤 자면서 생각해 보아야 합니다. 그러고 나서 우리를 화나게 했던 사람을 찾아가서 이야기할 수 있습니다.

부모가 불가피한 이혼을 앞두고 별거 중이며 아버지가 이상한 행동을 하는 가정의 어린 아들이 있습니다. 저는 그 소년에게 가정 상황에 대해 어떻게 느끼는지 물었습니다. 소년은 "이 상황에 화가 납니다"라고 대답했습니다. 저는 소년에게 분노를 어떻게 처리하는지 물었습니다. 소년은 "밖으로 나가 축구공을 찼습니다"라고 말했습니다. 제가 그렇게 한 후 어떻게 느꼈느냐고 묻자 그는 "기분이 한결 나아졌다"라고 말했습니다. 그는 자신의 분노를 해소하는 방법을 발견했고 그것은 건강한 것입니다. 그는 자신 안에 있는 분노와 자신을 다스리고 있는 것입니다.

분노의 감정과 죄책감을 결부시키지 않는 것이 중요합니다. 우리는 죄책감을 느낄 때 자신의 분노를 감추게 되어 전체 상황을 더 악화시키기 때문입니다. 우리는 죄책감 없이 우리가 사랑하는 사람들에게 분노할 수 있습니다. 우리 모두는 이런 양가감정을 해결해야 합니다. 우리는 이 점을 어릴 적에 배우려 합니다만 양가감정은 종종 해결되지 않습니다. 우리는 자신의 부모를 사랑할 수도 있지만 동시에 "나는 부모를 싫어합니다"라고 말하며 화를 낼 수도 있습니다. 그러나 우리가 성숙한 사랑의 관계를 맺으려 한다면 사랑하는 관계 속에서 양가감정을 어떻게 처리해야 하는지를 배워야 합니다. 우리는 화가 났을 경우, 특히 과잉 반응을 보일 때 듣고자 하고 믿을 만하고 우리를 이해하는 사람과 의논합니다. 그러면 우리는 적절한 방법으로 자신의 분노를 드러낼 수 있습니다. 타인과의 대화는 자신의 분노를 올바른 견지에서 바라보고 정리하는 데 도움을 주기 때문입니다.

우리가 스스로를 다스릴 때 적당한 방법과 효과적인 언어로 자신의 분노를 드러내고 표출할 수 있습니다. 내 분노의 대상이 항상 나의 시도를 받아들이지는 않을 겁니다. 그러나 분노를 표출하는 목적은 다른 사람을 변화시키려는 것이 아닙니다. 그에게 우리가 어떤 상황에 있으며 내가 그를 어떻게 느끼고 있는지를 알게 하려는 것입니다. 상대방이 우리의 분노에 대하여 무엇을 행하든 그것은 그의 선택입니다. 이런 방법으로 인간관계는 좀 더 튼튼해질 수 있습니다. 이것이 바로 우리가 더 친밀하고 깊은 인간관계를 이루려는 목적에 도달하는 길입니다.

우리 모두 과잉 반응을 합니다. 부모와 교사 들은 특히 더 그렇습니다. 우리가 과잉 반응을 보일 때, 아이를 꾸짖거나, 때리거나, 욕을 하는 등의 행위를 할 때 우리는 용서를 청해야 합니다.

그러나 우리는 자신이 화를 낸 것에 대해서는 말하지 않고 "나는 네가 숙제를 (혹은 설거지나 옷 정리를) 하지 않았기에 화를 낸다"라고만 말합니다. 우리는 자녀에게 책임에서 자유롭게 해 주어서는 안 됩니다. 우리가 화를 내는 진짜 이유가 있습니다. 과잉반응에 대해서는 사과하지만 분노에 대해서는 사과하지 마십시오. 이것은 얼마나 적절한 예입니까! 누가 가정과 가정환경과 가정교육 밖에서 이러한 가르침을 배울 수 있겠습니까! 우리는 우리가 적절한 분노를 보였을 때 사람들이 상처받는 것을 예상해야 합니다. 이것은 정상입니다. 정직한 분노에 따른 일상적인 상처입니다. 우리는 기분이 좋지 않을 수는 있지만 죄책감을 느껴서는 안 됩니다.

때때로 분노의 원인은 그렇게 심각한 것이 아닙니다. 어떤 사람이 신호등에서 방해했다고 해서 분노를 표출하기 위해 그 사람을 추격하지는 않습니다. 단지 자신에게나 차 안에 있는 사람에게 몇 단어를 선택하여 말합니다. 진정 중요한 사람은 삶 속에 있는 사람들입니다. 우리는 그들을 향한 분노를 그대로 두거나 속으로 삭여서는 안 됩니다. 그것이 관계를 파괴할 것이기 때문입니다. 우리는 그러한 파괴적인 태도를 발전시킬 수 있고, 분개와 쓰라림은 더 깊어질 수 있습니다. 친밀한 관계는 우리가 자신의 분노를 표출하기를 요구합니다.

적절한 분노, 우리가 분노를 느끼는 것을 받아들여야 하고, 처리하고, 드러낼 수 있어야 합니다. 그것은 자신의 삶에 책임을 진다는 것을 의미합니다. 또한 그것은 정서적 성숙입니다. 이것이 바로 분노가 하나의 미덕이 되는 이유입니다. 분노는 우리 삶에서 진실로 중요한 측면입니다. 이것을 어떻게 사용하는지는 우리가 앞으로 어떻게 될 것인지와 굉장한 관련이 있습니다. 분노는 우리가 정직하고 참되고 건강하고 활기찬 삶을 살며, 믿고 사랑하며 친밀해지도록 도와주기 때문입니다.

6   용서

잊음을 의미합니까?

우리가 살아가는 가운데 또는 신앙생활 중에 삶의 기본 원리인 '용서의 의미'를 잘못 이해함으로써 상황이 복잡해질 때가 더러 있습니다. 용서란 소중한 관계일수록 필요한 것이고 그리스도교 신앙생활의 필수 덕목이며 용서가 없는 그리스도인의 삶이란 있을 수 없습니다.

이러한 사실을 받아들인다고 해도 용서하는 것과 잊는 것이 다르다는 것을 이해하지 못하면 문제가 자주 일어납니다. 우리에게 상처 준 사람을 용서하는 것과 그 사람이 한 일을 잊는다는 것은 아주 다른 것인데도 우리는 이 두 가지를 같은 것으로 잘못 이해하고 있습니다. 우리는 "진심으로 용서했으니 곧 잊게 될 것이다"라고 생각합니다. 그러나 우리는 계속해서 불필요한 정신적·영적 갈등에 시달립니다. 이런 갈등은 건전하지 못한 죄책감을 야기하고 나아가 불안한 마음의 상태를 더욱 심란하게 자극하여 자기 자신과 불화하게 만듭니다. 기꺼이 용서하고자 하는 마음이 있지만 용서가 안 되는 부정적인 감정이 아직 남아 있어서 자신을 위선적이라고 느끼기 때문입니다.

이런 혼란은 아주 고통스러운 문제로 개인의 연령, 교육 정도, 보수적 또는 진보적인 개인의 성향에 관계없이 모든 신앙인이 공통적으로 겪고 있습니다.

여기에서 무엇이 발생합니까? 사람들은 용서한다는 행위와 용서한다는 감정(행위로서의 용서와 정서상의 용서) 사이의 간단하지만 중요한 특성을 구분하지 못합니다. 우리가 이 차이점을 구분하지 못할 때 스스로 궁지에 빠져 허우적거리게 됩니다.

용서한다는 행위(행위로서의 용서)란 그리스도교적인 신념에 기초해 내린 결정입니다. 또 이성에 근거한 의지적이고 지적인 행동입니다. 그것은 상대방에게 다가가 이전의 관계로 회복하자고 권유하는 것입니다. 이것은 어렵지만 확고한 행동입니다. 용서는 냉엄할 수도 있고 따뜻하고 긍정적인 감정이 수반되지 않을 수도 있지만 그럼에도 불구하고 참된 것입니다. 십자가에 달리신 예수께서 하신 용서의 행위, "아버지, 저 사람들을 용서하소서. 사실 그들은 무슨 짓을 하는지 알지 못하옵니다"(루카 23,34)가 이런 용서의 본질을 지니고 있었다고 저는 제시합니다. 그 모든 육체적·정신적 고통 가운데서도 예수께서 따뜻하고 긍정적인 감정을 지니셨다는 것을 인간인 우리로서는 정말 상상하기 어렵습니다.

실제로 용서한다는 행위가 이루어졌다하더라도 감정상의 용서는 때가 되어야 옵니다. 우리 마음속에 이런 '용서하지 않는 마음'이 있을 때에는 이것을 솔직히 인정하고 감정을 다스리려 노력하면 이런 감정이 차츰 해소될 것입니다. 이런 과정을 거친 후에야 비로소 잊을 수 있습니다. 잊는다는 것은 우리의 정서상에 여러 과정을 거친 뒤에야 가능한데, 이 점을 우리가 이해하고 인정해야 합니다. 우리가 우리의 의지대로 느낄 수는 없지만 자신의 행동이나 감정을 다스리는 일은 의지대로 할 수 있습니다. 그렇다면 감정이 우리를 지배하도록 내버려 둡니까? 아니면 우리가 감정을 지배하고 있습니까? 이를테면 우리가 비열하고 냉정한 짓을 할 때 혹은 다른 사람에게 적개심을 품고 대할 때는 우리가 감정의 지배를 받는 경우입니다.

우리는 자주 우리의 감정과 죄스러운 것을 혼동하고 있습니다. 죄란 우리의 감정에 관한 것이 아니라 행위에 관한 것입니다. 한 배우자가 다른 배우자를 용서했을 때 먼저 그에 대한 나쁜 감정을 가라앉히고 좋은 감정이 되살아나도록 해야 합니다. 용서를 하면서 아직도 마음속에 풀리지 않는 분노가 있는 것은 괜찮습니다. 그러나 분노하는 식으로 행동하는 것은 죄가 됩니다.

부정적인 감정들을 해소하기 위해서는 시간과 노력이 필요합니다. 얼마나 많은 시간과 노력이 필요한가는 개인의 성격, 기질 그리고 상처받은 정도에 따라 다릅니다. 그러나 우리가 용서하는 행위와 마음속의 진정한 용서가 동시에 이루어지지 않을 수도 있다는 점만 인정하면 자기모순, 자책, 혼란과 같은 감정들에서 자유로워질 수 있습니다. 그러면 불필요한 죄에서 벗어나 진정한 자신의 죄를 돌아볼 수 있을 것입니다.

우리가 상처를 받았을 때 느끼는 분노나 원망 같은 부정적인 감정들은 지극히 정상적이고 또 인간이면 누구나 느끼는 것입니다. 때로 사람들은 이러한 감정들을 다스리기 싫어서 그런 감정 자체를 부인하려 합니다. 그러다 보니 당황하고 불안해하고 죄의식까지 느낍니다. 그러나 이런 감정들은 모든 경우에 늘 타당한 것은 아니지만 자연스러운 것입니다. 우리는 이런 감정들을 직시하고 수용해야 합니다. 아직까지 마음속에 남아 있는 감정의 응어리로 인해 느끼는 부당한 죄책감에 대응해야만 상황을 쉽게 풀어 나가고 자책하지 않을 수 있습니다.

스스로 신앙인임을 자처하며 용서해야 함에도 자신 안의 부정적인 감정들을 풀 수 없을 때 사람들은 자신을 위선자라고 여기고 죄책감을 느낍니다. "내가 이 사람을 용서했는데 왜 아직도 분노하고 원망하며 상한 감정으로 괴로운가?"라고 자문하면서, 스스로 "아직도 진심으로 용서 안 했구나" 하고 생각합니다. 잊기 위해 또 상한 감정을 치유하기 위해 시간이 필요하기는 해도 우리가 진실로 용서할 수 있다는 것은 사실입니다. 다만 어느 기간 동안은 이런 감정을 지닌 채 지내야 합니다. 이혼한 사람들, 전쟁과 부당함과 테러의 피해자들, 자녀에게 상처받고 버림받은 부모들, 따뜻한 보살핌을 받지 못하거나 부모로부터 외면당한 자녀들, 버려진 노인들 혹은 소외된 젊은이들 등 상처 입고 이해받지 못해 고통스러워하는 모든 이가 용서할 수 있습니다. 다만 받은 상처를 잊기 위해 시간이 필요하다는 것을 알아야 합니다.

그렇다고 기한을 정해 놓고 거기에 맞추어 잊을 수는 없습니다. 개인마다 상처 치유 방법과 능력이 다릅니다. 우리는 상처를 치유하고 잊기 위해 우리가 가진 모든 심적 · 정서적 · 영적 수단 등을 동원해야 합니다.

<u>스스로</u> 상한 감정을 다스리거나 달래지 못해 일상생활을 제대로 영위할 수 없는 경우에는 특별히 조언과 상담을 구해야 할 수도 있습니다.

우리가 결코 잊을 수 없는 상처도 있습니다. 겉으로는 치유된 것 같아도 상흔이 남아 있는 것입니다. 그러나 이런 상흔은 예수의 그것처럼 우리도 예수처럼 남을 용서할 수 있다는 표지가 될 수 있습니다.

우리가 용서하기 위해 시간이 필요하듯이 우리가 잘못을 범한 사람들에게도 우리를 용서하기 위해 필요한 시간을 주어야 합니다. 그들이 우리를 용서한 뒤에도 다시 애정과 신뢰로 우리를 대할 수 있도록 시간과 여유를 주어야 합니다. 그러나 이런 점이 결혼 생활이나 가족 관계에서 간과되고 있습니다. 즉, 조급해져서 깨어졌던 관계가 금방 회복되리라 기대하는 것입니다. 많은 경우 상처와 용서를 통해 굳건한 관계로 발전할 수 있지만 때때로 다시는 되돌릴 수 없는 관계로 악화될 수도 있습니다.

용서에 있어 한 가지 중요한 면이 있는데, 잊는다는 것이 곧 용서를 뜻하는 것은 아니라는 것입니다. 용서를 거치지 않은 잊음은 자신이 받고 있는 고통과 상처를 기피하는 한 방편이 될 수 있습니다. 상처받은 감정을 덮어 버림으로써 우리 스스로 진정 용서하기를 피해 버립니다. 잊는다는 것은 우리가 받은 상처를 상처로 받아들이고 치유하기 위해 애쓰고 마침내는 용서의 기쁨을 느끼는 경지에 이르렀을 때에만 가능합니다. 너무 빨리 "잊어버려요" 하고 말하는 사람을 조심하십시오. 그런 사람일수록 우리로 하여금 그들의 진심을 알 수 없게 만들고 과연 용서를 받아들일 것인지 확신할 수 없게 합니다. 용서의 과정을 거치지 않은 잊음은 상한 감정을 그저 덮어 둔 것이기 때문에 매우 위험할 수도 있습니다. 그저 덮어 둔 나쁜 감정들은 때가 되면 부정적인 형태로 나올 수 있기 때문입니다.

용서하는 행위와 잊음의 경지에 도달하는 것은 전혀 다른 것입니다. 잊기 위해서는 시간이 필요합니다. 또한 그것은 기도와 성찰, 때로는 상담까지 요구되는 인간적인 과정입니다. 하느님처럼 인간도 빨리 용서할 수 있지만, 즉시 잊어버린다는 것은 하느님만이 하실 수 있습니다.

7　자기 용서

간과되고 있지 않습니까?

　　　　　　그리스도인이란 단어는 용서와 같은 말입니다. 그리스도는 하느님께서 우리를 용서하신다는 것을 드러내시고 우리가 서로서로 용서해 주기를 요청하실 뿐만 아니라 우리 자신이 스스로를 용서해야 한다는 것을 알려 주십니다. 그리스도가 전하는 메시지의 결정적인 일면인 자기 용서는 충분히 강조되지도 논의되지도 않고 있습니다. 그러나 우리가 자칭 그리스도인이라면, 우리는 자신을 용서할 수 있어야 합니다. 우리가 스스로를 용서하지 않는다면, 우리는 구원의 충만함을 경험하지 못하며, 우리 자신과 화해하지도 못하고, 그리스도인으로 성숙하지도 못합니다.

이 말이 강력하고 심지어 충격적이기도 하지만, 우리는 이 말을 진지하게 받아들여야 합니다. 잘못 또는 죄를 범한 사실을 인정한 사람에게 제가 "하느님이 당신을 용서해 주셨다고 믿습니까? 그런데 당신도 자신을 용서했습니까?"라고 질문하면 그들은 대부분 깜짝 놀랍니다. 많은 그리스도인이 이 질문에 관해 진지하게 생각해 본 적이 거의 없기 때문입니다.

지난 수년 동안 저는 많은 사람이 하느님의 용서를 피상적인 단계에서 받아들이고 있다는 것을 확신하게 되었습니다. 왜냐고요? 대부분이 경험해 보지 못했을 용서의 심오한 면이 자기 용서이기 때문입니다. 우리는 하느님께서 우리를 용서해 주셨다고 믿고 있습니다. 따라서 이제 하느님은 우리 자신이 스스로를 용서하기를 권유하고 계십니다. 그러나 우리는 너무도 자주 "저는 그렇게 할 수 없어요!"라는 반응을 보입니다. 자기 용서는 분명 많은 사람에게 어렵고 힘든 일입니다. 그러나 하느님의 뜻을 진지하게 생각하지 않고, 우리 자신을 실제로 용서하는 데 하느님의 용서를 적용하지 않는다면, 우리는 결코 진정으로 하느님의 용서, 구속救贖의 충만함 또는 우리 자신과의 화해를 경험하지 못할 것입니다. 우리는 하느님의 용서는 받아들이면서도 우리 자신의 용서는 받아들이지 않는 모순을 범하면서 살아가고 있습니다.

이것은 정신 질환자, 범죄자, 정서적인 문제를 경험하고 있는 사람들 그리고 심각한 죄를 범한 사람들뿐만 아니라 보통 사람들에게도 적용됩니다. 지난 수년 동안 제가 사람들에게 자기 용서에 관해 질문했을 때 사람들이 자기 용서를 명백히 꺼려 한다는 것을 알았습니다. 이것은 일반 남녀노소뿐만 아니라 평신도, 성직자 그리고 수도자들에게도 흔한 일이었습니다.

그 이유는 많은 사람이 죄를 범한 뒤에 스스로를 벌해야 한다고 생각하기 때문입니다. 자기 용서를 거부하는 것보다 더 좋은 방법은 무엇입니까? 우리는 자신을 용서할 가치가 없다고 생각해서 우리의 자존감을 질타합니다. 그렇게 자신을 가치 없는 존재로 느낍니다. 이것은 하느님의 용서가 우리는 가치 있는 존재임을 입증해 주고 있다는 것을 망각한 자학성 고통의 한 유형입니다. "내가 어떻게 그런 일을 했지?"라고 우리는 묻습니다. 우리는 자기 용서를 우리가 한 일을 묵과한다는 의미로 잘못 생각하고 있기 때문에 스스로를 비난하는 비합리적인 일을 하고 있습니다. 하느님과는 달리 우리는 우리 자신을 한계를 지니고 있는 현재의 모습 그대로 받아들이지 않고 자존심을 내세워 우리 자신을 과거의 모습으로 또는 미래의 모습으로 간주해 버립니다.

우리는 자신에 대해 실망해 버리기 때문에 자기 용서를 거부하곤 합니다. 자기 연민, 자책 또는 자기 학대를 통해서 우리는 자기중심적인 행동 양식을 선택하고 결국은 하느님의 넘쳐흐르는 마지막 화해의 용서와 사랑을 차단해 버립니다. 따라서 더 심오한 구원의 과정이 좌절됩니다.

이러한 실망감이 너무도 심한 압박감을 가하기 때문에 우리는 지속적으로 잘못을 범하는 소용돌이에 빠집니다. "그래서 무슨 소용이 있나?" 하고 우리는 탄식합니다. 우리는 우리 자신을 포기해 버립니다. 우리는 일어나 인간의 허약함이라는 십자가를 지고 예수를 따르기를 거부합니다.

한편, 자신을 용서함으로써 우리는 우리 죄와 잘못이 우리에게 유리하게 작용하도록 할 수 있습니다. 우리는 인간적인 상황을 초월해 우리 자신에 대한 소중한 통찰력을 얻어 냅니다. 우리는 우리가 범한 잘못의 고통을 통해서 성장하며 또한 하느님의 사랑이 지닌 영원한 위대함에 찬미와 영광을 나타냅니다.

만일 우리가 스스로를 용서하지 않으려고 고집한다면, 사실의 인식 여부에 관계없이 우리 마음속에 죄책감이 스며들어 큰 자리를 차지하고 자리 잡게 됩니다. 우리는 영적으로, 정서적으로 마비되고 우울증까지 걸리고 이런 가치 없는 감정들에 의해 지배당합니다. 우리는 무력한 절망의 늪 속으로 가라앉게 됩니다. 이것이야말로 비합리적이고 비논리적이며 신경질적인 것이 아니겠습니까? 다방면에서는 지적인 사람들까지 고집스럽게 이런 행동 양식을 따릅니다. 이런 경우 우리의 신앙심은 우리에게 불리하게 작용하여 비극적인 일을 초래합니다. 이것은 또한 우리 주변 사람들에게 우리가 믿는 종교의 신뢰감을 떨어뜨립니다. 자기 용서는 어렵습니다. 그러나 우리는 자기 용서를 위해 노력해야 하며 우리는 이 일을 해 낼 수 있습니다. 자기 용서는 그리스도교의 구원과 화해에 이르는 마지막 도전이며 정신적 · 정서적 · 영적 건강과 치유에 이르는 열쇠입니다.

"나는 자기 용서를 하지 못하는 사람이 아니다"라고 속단해서는 안 됩니다. 우리는 자기 용서를 하지 못해 나타날 수 있는 미묘한 양상들에 매우 민감하고 솔직해야 합니다. 우리 감정들은 비합리적인 죄의식이 사라지기를 원하지 않지만 우리의 지성은 우리에 대한 하느님의 무조건적인 사랑에 대해 숙고하고 자기 용서를 천명하기 마련입니다. 우리가 스스로를 용서하는 것은, 하느님의 용서가 우리 삶 속으로 풍부하게 스며들 수 있도록 하는 것입니다. 이제 우리는 부활을 체험하기 시작합니다.

많은 정서적 갈등을 유발하는 근본적인 원인은 자기 용서를 거부하는 것에 있습니다. 이런 정서적 갈등을 겪고 있는 사람들은 스스로를 용서하기 전까지는 결코 정서적으로 또는 영적으로 치유될 수 없으며 진정으로 그들의 형제자매를 용서할 수 없을 것입니다. "하느님을 사랑하십시오. 그리고 네 이웃을 내 몸같이 사랑하십시오." 진정한 자기 사랑은 자기 용서를 필요로 합니다. 모든 정신 치료 전문가들은 다수의 환자가 자기 용서를 체험하기 전까지는 결코 치유되지 않고 내적 평화를 찾지 못하며 치료를 하는 동안에도 병세가 호전되지 않는다는 사실에 주의해야 합니다. 자기 용서가 있을 때 치유와 회복의 진전이 가능합니다.

물론 이런 일이 일어나기 위해서는 개인의 신앙적 차원이 활성화되고 도전을 받아야 합니다. 이런 신앙적 차원이 자주 무시되고 모종의 임상 기법이 이를 대신하게 된 것은 애석한 일이 아닐 수 없습니다.

마지막으로, 자기 용서는 우리의 행동에 따른 책임과 결과를 면제해 주는 것을 의미하는 것이 아닙니다. 오히려 이러한 책임과 결과를 더욱더 강조하고 있습니다. 자기 용서는 자기 연민이 아니라 책임과 회개 그리고 변화를 의미합니다. 자기 용서는 우리가 범한 죄를 무마하거나 묵과하는 것이 아니라 우리가 범한 행동에 따른 가혹한 현실에 직면해 고통의 십자가를 지고 예수를 따라가는 것을 의미합니다.

우리 삶에서 어떤 잘못된 일이 있었다 하더라도 스스로를 용서해 줄 수 있는 성숙한 신앙심이 없다면 우리는 진실로 충만하고 사랑을 베푸는 삶을 살아갈 수 없습니다. 자기 용서는 완전히 구속된 그리스도인과 피상적으로 구원된 그리스도인, 하느님뿐만 아니라 자신과도 화해한 그리스도인과 그렇지 않은 그리스도인 그리고 성숙한 그리스도인과 미성숙한 그리스도인 사이에서 존재하는 차이점입니다.

8 죄책감

각성제입니까, 고통입니까?

죄는 우리 삶의 한 요소이며 우리 대부분에게 죄책감은 정상적인 경험입니다. 우리가 죄를 범할 때, 즉 알면서도 타인에게 상처를 주거나 자신의 가치관이나 신념에 어긋나는 행동을 할 때, 정서적은 아니더라도 적어도 정신적으로 죄책감을 경험할 것입니다. 의로운 사람이라도 하루에 일곱 번 잘못을 저지른다고 성경은 말합니다. 우리가 죄책감을 처리하는 방법에 따라 우리의 영적이며 정신적인 발달이 건전한지의 여부가 결정됩니다.

힘없는 노파에게 강도짓을 하고도 아무런 죄책감을 느끼지 않는 부류, 즉 정신 질환자만이 전혀 죄책감을 경험하지 않는다고 주장하지만 이러한 부류의 인격은 우리의 논의 대상이 아닙니다. 우리는 삶의 일반적인 죄책감을 경험하는 사람들에 관해 논의할 것입니다. 우리가 어떠한 일에 대해서도 일체 죄책감을 느낄 필요가 없다고 주장하는 것은 어불성설입니다. 이러한 주장이 사실이라면 우리는 정신적으로 병든 사회에서 살아가는 것이 될 것이며 우리 모두는 그 누구에게도 안전할 수 없을 것입니다. 정상적인 건전한 죄책감은 건전한 사회를 보호해 주는 안전장치입니다.

죄책감은 일종의 각성제, 즉 우리를 자극하여 변화하게 만드는 신속하고도 고통스러운 충격입니다. 죄책감은 우리 잘못을 인정하도록 도와주는데 이것은 좋은 일입니다. 죄책감을 파악한다는 것은 우리의 건전함을 보여 주는 단면입니다. 우리가 죄책감에 압도당하지 않는다면, 죄책감은 우리로 하여금 하느님, 타인 그리고 우리 자신으로부터 용서를 구하도록 해 줄 것입니다. 즉, 우리의 행동 방식을 바꾸도록 자극합니다. 죄책감은 또한 우리가 범한 잘못에서 교훈을 얻도록 도와줄 것입니다. 우리 삶이 얼마나 많은 잘못, 실수 그리고 죄로 이루어져 있는지에 관해 시간을 내어 고민해 본 적이 있습니까? 여기서 부각되는 문제는 우리가 그 필연적인 죄책감에 어떻게 대처하고 죄책감에서 얼마나 많은 것을 배우는가 하는 것입니다.

각각의 잘못은 우리가 교훈을 배우고, 자신에 대한 통찰력을 얻어 내고, 자신의 삶에 대해 더 많은 책임을 지는 계기가 됩니다. 이외에도 그리스도인들에게 잘못은 하느님의 지속적인 구원의 사랑을 체험하고 이에 대한 우리 믿음의 깊이를 더함으로써 하느님과의 관계를 고양시키는 기회가 됩니다. 죄책감을 통해 우리는 죄를 지었음에도 스스로 가치 있는 존재이며 인간으로서 비난받지 말아야 한다는 것을 다시 확인할 수 있습니다. 바오로 사도와 아우구스티누스 성인이 하느님께서 악으로부터 선을 드러내신다고 가르치신 것을 다시 한번 고찰해 봅시다. 성령이 죄를 범하기 쉬운 약한 인간의 마음에 항상 역사하고 계십니다.

그러나 우리가 저지른 도덕적 잘못에 대해 너무 자주 실망하면 우리는 죄책감에서 벗어날 수 없고 우리 자신을 단죄하게 됩니다. 이런 상황에서 죄책감은 우리에게 부정적인 영향을 끼칩니다. 즉, 죄책감이 각성제가 아니라 우리를 해치는 고통이 되어 버립니다. 우리는 더 비인간적이 되고 더 비그리스도교적이 되며 구원이 아니라 거부를 경험합니다. 그리고 타인에 의해 감금된 정신병자와 달리 우리 스스로가 자신을 죄책감의 감옥 안에 가두게 됩니다.

자신의 해결되지 못한 죄책감에 집착하는 것은 '사후事後의 죄책감'으로 묘사됩니다. 이런 죄책감은 우리가 용서를 구하고 참회하며, 심지어 본죄本罪(인간 자신의 자유의지로 지은 죄)에 대한 보상까지 한 뒤에도 우리 마음속에 남아 사라지지 않고 짐이 되며 우리를 무력하게 만들어 버립니다. 용서를 구한 뒤에도 우리를 지배하는 죄책감은 신경증적 죄책감으로 우리의 정상적인 일상생활을 방해합니다. 죄책감에 집착하는 것은 일종의 자학 또는 스스로 택한 순교의 일종인데, 우리 사회에는 이런 경우가 우리가 알고 있는 것보다 훨씬 더 많이 존재합니다. 죄책감에 대한 집착은 너무도 미묘하고 의식되지 않는 것이기에 인지 능력이 매우 뛰어난 상담사나 고해 사제조차 알아내지 못하는 경우가 있습니다. 이런 자기 학대는 바람직하지 못하며 건전한 신앙 성장을 저해하는 하나의 질병입니다. 이것은 비그리스도교적이고 비현실적이며 그 자체가 파괴적인 완벽주의를 암시합니다.

결혼의 파탄, 사랑하는 사람의 죽음, 실직 또는 갑작스러운 좌절을 겪은 뒤 또는 고의적으로 남에게 마음의 상처를 주거나, 비열하게 굴거나, 원한을 품을 때 자기 학대를 행하는 사람을 때때로 목격합니다. 이 경우, 죄책감을 느끼는 당사자는 이 실패에 대해 쓸데없이 자신을 학대하고 자신을 용서하려고 하지 않습니다. 때로 자신을 벌주기 위한 하나의 방편으로 의식적으로 무의식적으로 자신에게 고통이 되는 행동을 하기도 합니다.

저는 자신을 벌하기 위해 스스로 자동차 사고를 냈다고 털어놓는 사람을 만난 적이 있습니다. 또 자기가 인간 망종임을 타인에게 보여 주기 위해 의도적으로 계속 못되게 구는 사람도 있습니다. 심지어 스스로 벌을 받아 마땅하다고 여기는 형태로 타인으로 하여금 자신을 해치도록 허용하는 경우도 있는데, 예를 들면, 어떤 아내는 남편이 자신을 학대하도록 허용합니다. 이런 행위를 하는 저변에는 자신이 잘못을 저질러 쓸모가 없으며 벌을 받아 마땅하다는 생각이 깔려 있습니다.

이러한 부정적인 질타와 해소되지 않은 죄책감에서 비롯되는 호소보다 더 자신의 자아상과 자존감을 상하게 하는 것은 없습니다. 미묘하고 묻혀 있는 우리의 죄책감을 이해하고 드러내는 것은 참으로 중요합니다. 이렇게 하지 않으면 우리 삶이 죄책감으로 인해 파괴될 것입니다. 따라서 정말 잘못한 일에 대해 죄책감을 느끼지도 인정하지도 않는다고 자랑하는 것은 결코 바람직한 일이 아닙니다. 이 부인된 죄책감은 다른 형태, 즉 불안감, 우울증, 초조감 또는 갖가지 정신병적 증상으로 우리를 괴롭힐 것입니다.

어떤 뚜렷한 이유 없이 죄책감을 느끼는 경우도 있습니다. 의도적인 잘못이 없다는 것을 알고 있으면서도 "왠지 모르지만 죄책감을 느낀다"라고 말하는 사람들이 있습니다. 이런 불합리한 죄책감은 끝없는 불안과 정신적 고통을 일으킬 수 있으며 때로 우리는 이런 죄책감 때문에 괴로워하기도 합니다. 우리가 이런 죄책감에 사로잡히면 그것이 우리 삶을 지배할 수 있습니다. 이런 경우 하느님께서 우리에게 주신 지혜로 죄책감에 직면해야 합니다. 이런 죄책감은 대체로 비논리적이며 근거가 없습니다. 몸이 아파서 불가피하게 미사나 행사에 불참하거나 약속을 지키지 못했을 때 느끼는 죄책감이 이런 경우입니다. 날씨가 너무 나빠서 미사에 참석하지 못한 것을 고백하면서 "신부님, 이런 것은 고백 안 해도 된다는 것을 알지만 그래도 고백하고 보니 훨씬 마음이 가벼워졌습니다"라고 말하는 사람도 있습니다. 이런 사람들을 납득시키는 것은 불가능합니다. 이런 경우 우리가 마음이 언짢고 실망하는 것이 당연할지 모르지만 이로 인해 죄책감을 느낀다든지 죄책감에 사로잡혀서는 안 됩니다.

또 다른 흔한 문제는 우리가 마음속에 분노, 증오, 살인 충동 또는 성적인 감정을 품으면서 죄책감을 느낄 때 일어나는 것입니다. 우리의 감정은 죄가 아닙니다. 행위만이 죄가 될 수 있습니다. 이런 감정들을 묵과하거나 책망하지 말고 이해하도록 노력해야 합니다. 그러므로 이런 소위 부정적인 감정을 느끼는 것은 용납하되 그에 따라 행동을 해서는 안 됩니다. 결론적으로 죄책감을 느낀다는 이유만으로 마음속에 품었던 부정적이고 부도덕한 감정을 고백하는 것은 전적으로 쓸모없는 일입니다.

이와 관련해서 때로는 우리가 느끼는 죄책감의 정도가 우리가 저지른 행위와 적합하지 않는 경우가 있습니다. 즉, 토끼를 사랑하는 사람이 시골길을 과속으로 달리다가 토끼를 죽였을 때 그 사람은 극심한 죄책감에 사로잡힙니다. 이런 경우 실수와 감정 그리고 죄 사이의 균형 잡힌 관점을 얻기 위해 우리의 행동에 대한 건전하고 타당성 있는 접근 방식을 길러야 합니다.

이치에 맞지 않는 죄책감에 대해 특별한 어려움이 있을 때는 가정환경을 이해해야 합니다. 우리의 가정환경에서 의식적으로 또는 무의식적으로 우리 성장의 일부가 되어 온 불건전한 죄책감에 대한 분위기와 방식을 발견하곤 합니다. 이런 경우, 이것을 해소하고 성장 배경에서 탈피해야 해야 합니다.

　우리에게 책임이 없는 행위인데도 죄책감을 느끼는 일 또한 발생합니다. 이런 종류의 죄책감 역시 우리의 성장 과정에 기인할 수 있습니다. 우리는 죄책감을 스스로 느끼도록 책임져야 하며 이로써 더 정직하고 효과적으로 죄책감을 해소할 수 있습니다. 만일 타인이 우리에게 죄책감을 유발하도록 허용한다면 타인은 알게 모르게 우리를 지배하고 조종할 수 있습니다. 이 모든 일이 인간관계에서, 특히 부부나 가족 사이에서 무수히 다양한 형태로 일어나는데 당연히 이런 부류의 죄책감은 파괴적인 것이 될 수 있으며 관계를 파탄에 이르게 할 수 있습니다. 상대방으로 하여금 부당하게 죄책감을 느끼게 하는 것은 그를 무시하는 것이며 그의 자신감을 파괴하려는 의도입니다.

　이런 일은 오늘날 부모가 자녀의 행동에 대해 합당하지 못한 죄책감을 느껴 자녀에게 얽매이는 경우에서 극적으로 발생합니다. 부모는 자녀를 훈계하거나 자녀에게 화를 낸 것에 대해, 자녀가 학교 또는 인생에서 실패하거나 곤경에 처했을 때, 또는 자녀가 이혼하는 경우에서도 죄책감을 느낍니다. 어떤 부모는 자녀가 부모에게 화를 내거나 부모를 미워할 때에도 죄책감을 느낍니다. 예를 들자면 끝이 없고 실로 난처한 일입니다. 오늘날 너무도 많은 가정이 심각한 어려움에 봉착해 있다는 것은 놀라운 일이 아닙니다. 자녀는 부모에게 합당하지 못한 죄책감을 느끼게 함으로써 부모를 조종하고 있습니다. 이런 종류의 합당하지 못한 죄책감을 방치할 경우 아무리 신념이 확고한 부모라도 죄책감에 사로잡힐 수 있습니다. 어떤 사람들은 자신이 저지른 모든 실수의 책임을 과도한 죄책감에 사로잡혀 취약한 타인에게 전가하는 경향이 있다는 것을 우리는 기억해야 합니다.

지극히 적절한 분노를 표출하고도 이로 인해 상대방이 상처를 받았다는 이유로 죄책감을 느끼는 경우가 얼마나 많습니까? 진실을 직시한 데서 비롯되는 상처는 일상적 관계에서 회피할 수 없는데, 이런 상처는 정상적인 삶의 일부이기 때문입니다. 우리의 솔직함이 고통이 될 수도 있지만 이것이 적합하고 악의가 없는 한 우리는 죄책감을 느낄 필요가 없습니다. 솔직함이 신뢰적인 관계를 발전시키는 측면이 있습니다. 우리가 서로에게 솔직하지 못할 때 상처를 주는 경우가 너무도 많습니다. 우리는 이것에 대해 반드시 죄책감을 느껴야 합니다. 부부간 또는 가족 간에 솔직하지 않거나 갈등을 두려워한 나머지 결혼 생활과 가족 관계가 손상되는 경우가 많습니다. 폭력이 아니라 침묵으로 인해 결혼이나 가족 관계가 많이 단절되고 있는데, 이는 우리가 죄책감에 대한 그릇된 생각을 지니고 있기 때문입니다.

합당한 죄책감은 직시하고, 용서를 구하고 잘못을 사죄함으로써 해소시켜야 합니다. 그릇된 죄책감은 직시하고 이해해야 해소되거나 적어도 통제될 수 있습니다. 이런 죄책감은 종교에 대한 무지와 오해로 인해 우리의 삶을 파괴합니다. 사람들의 문제점을 자꾸 듣다 보면 종교적 영역에서의 무지와 오해로 인해 많은 불필요한 문제가 일어난다는 것을 더욱더 확신하게 됩니다. 그 가운데 하나가 삶을 침해하고 구속하는 해소되지 않는 근거 없는 죄책감입니다. 어떤 사람은 고해성사 때 타당하지 않은 신경성 죄책감의 증상들을 죄라고 나열하기도 합니다. 이런 신경성 죄의식에서 벗어나기 위해서는 하느님의 자비에 대한 더 깊은 이해와 신앙 교육 그리고 우리 정서에 대한 올바른 인식이 필요합니다. 타당하지 않은 죄책감으로 인해 우리의 일상이 제대로 영위되지 못하는 경우에는 전문가의 도움을 구하는 것도 고려해야 합니다.

그런데 이 영역에서 더 골치 아픈 문제는 지나치게 양심적이고 세심한 사람들의 경우입니다. 이런 사람들은 스스로 생각해 낸 사소한 잘못이나 죄로 인해 끊임없이 죄책감을 느낍니다. 대부분의 사람들에게는 아무렇지도 않거나 혹은 별로 큰 잘못이 아닌 일도 이들에게는 엄청난 일이 됩니다.

이런 사람들은 이 일 아니면 저 일로 계속 고민에 빠져 우유부단해지고 고통으로 괴로워하며 마음의 평화를 찾을 수 없습니다. 또 이들은 자신이 죄를 범해서 필연적인 죄책감에 사로잡혀 있다고 항상 느끼고 있습니다.

이런 증상은 강박관념에 사로잡힌 성격상의 질병의 일부인 도덕적·종교적 질병입니다. 이 증상은 상담을 통해서 때로는 의학적으로 치료해야 합니다. 지난 수년간 이 방면의 치료에서 획기적인 발전이 있었습니다.

어쨌든 이런 사람들이 자신의 건강하지 못한 신경성 죄책감의 문제를 고해성사를 자주 받는 것으로 해결하려고 하는 것은 무익할 뿐 아니라 오히려 문제를 더욱 악화시킬 수 있습니다. 고해성사로 죄 사함을 받았음에도 불구하고 마음속에 죄책감이 여전히 남아 있으므로 이 남아 있는 죄책감을 해소시켜야 하기 때문입니다. 그런데 원래 죄가 없는데도 본인이 죄책감을 느낀다면 이 불합리한 죄책감을 반드시 직시해야 합니다. 어느 경우에도 고해성사를 되풀이하는 것이 해결책은 아닙니다.

복음서에 보면 예수는 항상 사람들에게 자신이 범한 죄를 스스로 인정하게 하시면서 죄를 깨우치도록 도와주셨습니다. 자캐오나 우물가의 여인 그리고 간음하다 들킨 여인을 보십시오. 예수는 그들을 용서해 주시고 죄와 악에서 벗어나게 해 주셨습니다. 또 그들에게 예수에 대한 굳은 믿음을 요구하시고 하느님께서 그들의 죄를 사해 주시도록 청하셨습니다. 우리가 죄책감에 사로잡히면 구원의 길이 위태롭게 될 수 있습니다.

우리가 마음속의 죄책감을 해소했다고 해서 우리가 범한 죄나 잘못에서 비롯된 결과에서 벗어난 것은 아닙니다. 이런 것은 실생활에서 그 죄와 잘못에 대한 보상을 해야 합니다. 예컨대, 우리가 누군가에게 접시를 던져 깨뜨렸다면 깨진 접시에 대한 배상을 해야 하고, 누군가에게 거짓말을 했다면 그 거짓을 바로잡아야 합니다. 삶의 방식을 바꾸고 죄에 대한 보속을 하는 것이 죄책감을 해소하는 효과적인 방법입니다.

현실적으로 정말 고통스러운 것은 우리가 누군가에게 깊은 상처를 주었을 때, 우리가 진심으로 사죄하고 상대방이 용서를 한 뒤에도 결과적으로 관계가 예전과 같지 않거나 단절되는 경우입니다. 이런 안타까운 일은 한쪽이 아무리 설득해도 상대방을 돌이킬 수 없어 결국 이혼을 하는 경우에서 볼 수 있습니다. 이 경우 죄책감을 해소하는 데 더 오랜 시간이 걸립니다.

죄책감이 내포하고 있는 여러 가지 복잡한 양상들 가운데 일부만 고찰해 보더라도 오늘날 우리가 죄를 부인함으로써 죄책감에서 벗어나고자 애쓰고 있다는 것이 전혀 이상하지 않습니다. 처음에는 이런 접근 방식이 더 쉬운 해결책으로 보이지만 결국 이 접근 방식이 좀 더 깊은 정서적·영적 문제를 초래하는데, 이것은 우리가 살고 있는 인간적 상황의 실체를 부인하기 때문입니다.

사실, 우리가 복음서대로 살면, 예수는 죄책감을 고통을 주기 위한 수단이 아니라 성장과 변화의 각성제로 사용하신다는 것을 우리는 점차 깨달을 겁니다. 그러한 고통은 우리 스스로가 만들어 내는 것입니다.

9   우울증

우리가 표출할 수 있을까요?

"오 주님, 깊은 구렁 속에서 당신께 부르짖나이다." 시편 저자는 우리가 의기소침하거나 침울하거나 우울할 때 경험하는 고뇌와 공허감을 이렇게 나타내고 있습니다. 우울증은 우리 모두가 때때로 경험하는 인간의 고통입니다.

의학 연구 덕분에 이제 우울증의 어떤 상태들이 신체적 요인에서 발생하는 것으로 진단할 수 있습니다. 인체의 화학적 불균형으로 심한 우울증이 발생하는데, 이런 우울증은 우리 삶의 상황이나 문제 대처에 대한 무능력에서 발생하는 것이 아닙니다. 일단 우울증이 신체적 요인에서 유발되는 것으로 밝혀지면 항우울제와 같은 일반적으로 아주 효과적인 특정 약물로 치료할 수 있습니다. 사람들이 약물에 의존하지 않고 스스로 우울증을 극복하고 싶다는 그릇된 주장을 하면서 약물 치료를 종종 거부하는 일은 애석한 일이 아닐 수 없습니다. 이것은 적절한 약물 치료 없이 당뇨병 또는 고혈압이 나아지면 좋겠다고 소망하기를 시도하는 것만큼이나 어리석은 일입니다.

그러나 제가 말하는 우울증은 죽음, 낙담, 실패, 좌절, 공포 등과 같은 삶의 상황들에서 발생하는 일상적인 우울증입니다. 때때로 이런 우울증은 사랑하는 사람의 갑작스러운 죽음이나 자신이 암에 걸렸음을 알게 된 것과 같이 상황의 심각성 때문에 심각한 우울증이 될 수 있습니다. 한편, 마음이 상하거나 오해를 받았을 때, 친구 또는 취업 기회를 잃었을 때, 또는 단순히 실패했을 때 우리가 느끼는 단순한 우울증이 있습니다.

보통 우울증은 정상적이며, 이런 경험을 극복하기 위해서는 어느 정도의 시간이 필요합니다. 우리가 극복하기를 등한시할 경우, 우울증은 심각하게 지속되면서 우리를 압도하기 시작합니다. 때때로 이런 종류의 심각한 우울증은 일정 기간의 약물 치료나 상담이 필요합니다.

남성이나 여성이 배우자가 사망 후 장기간 우울증에 걸려 있는 상태가 바로 이런 경우입니다. 극단적으로 상반되는 일례로 두 숫자 차이로 복권에 당첨되지 않은 것에 대해 심한 우울증에 걸려 있는 사람이 있습니다. 이 두 가지 경우는 정상이라고 하기 힘듭니다. 여러 가지 경우에서 우리는 잃어버린 사람이나 물건이 우울증에 걸린 사람에게 하나의 닻처럼 매달려 그 사람을 깊은 구렁 속으로 빠져들게 하고 그곳에서 헤어나지 못하게 하고 있다는 사실에 주목하고 있습니다. 문제는 불가피한 것들을 받아들이지 못하고 잃어버린 사람이나 물건에 미련을 두면서 잊지 못하며 상실의 슬픈 과정을 극복해 내지 못하는 것에 있습니다.

우울증을 유발하는 원인 가운데 하나인 상실의 경험은 절망감을 유발하고, 이 절망감은 우리를 무기력하게 느끼게 합니다. 우울증에 걸린 사람은 무기력하게 되고, 즉 정상적인 기능을 할 수 있는 능력이 손상되고 동기 부여의 정도도 낮아지며 자신의 삶에 대한 구상이 무의미로 인해 흐려지곤 합니다.

우울증의 이러한 단계와 원인들은 우리를 압도할 수도, 무능하게 할 수도 있으며 우리로 하여금 효과적인 삶을 영위하지 못하게 할 수도 있습니다. 일상적인 우울증은 해소되지 않을 경우 악화되어 만성적인 것이 될 수도 있습니다.

우울증을 치료하고 방지하려면 우울증을 반드시 이해해야 합니다. 우울증이 발생할 때 우울증을 인식하고 받아들이는 것이 중요합니다. 무엇이 우울증을 일으키고 있는지에 관해 숙고해야 하고 이렇게 해서 감지된 원인에 대처해야 합니다. 이런 식으로 우리는 우울증으로 인해 우리 삶이 광범위하게 혼란스러워지는 것을 예방할 수 있고 우리 자신에 대한 더 나은 이해와 개인적 성장을 위해 우울증을 이용할 수도 있습니다.

우울증을 일으키는 근본적이고 가장 흔한 원인 가운데 하나는 억제입니다. 우리가 고통스럽고 부정적인 감정들, 즉 기억, 공포 등을 우리 안에 묻어 둘 때, 우리는 결국 온갖 혼란하고 왜곡된 괴로운 생각들과 감정들을 억제해 버립니다. 이러한 생각과 감정들을 직면해서 처리하지 않고 그대로 악화되도록 방치한다면, 우리 마음의 평화에 부정적인 영향을 끼치고 우울증에 걸리게 하는 엄청난 긴장과 내적 갈등이 더욱 심해집니다. 우리는 불쾌하고 바람직하지 못한 감정들과 생각들을 잊으려고 노력하지만 우리가 직면하기 전까지는 이런 감정과 생각들이 좀처럼 사라지지 않습니다.

부정적인 감정들을 억제하려고 할 때, 내적 갈등으로 엄청난 에너지가 소모되고 갈등을 억제하는 데 많은 노력을 기울입니다. 그 때문에 우리는 피로를 느끼고, 의욕을 상실하고 무감각하게 됩니다. 이러한 상태에서 사람들은 혼란스럽고 자신이 실제로 무엇을 생각하고 느끼는지 확신하지 못합니다. 이러한 시기에 중요한 결정을 내려서는 안 됩니다. 우리는 이 내적인 소용돌이가 해결되고 우리의 생각과 감정이 명확해질 때까지 기다려야 합니다.

우리는 어떻게 이것을 해야 합니까? 우리는 표출해야 합니다. 억제가 우울증을 유발한다면, 표출은 드러나야 하고, 또한 있는 그대로 보여야 하는 엉클어지고 꼬인 생각들과 감정들을 드러냄으로써 우울증을 완화할 수 있습니다. 우리는 우리의 감정들을 털어놓을 수 있을 만큼 신뢰하는 사람, 비록 우리에게 동의하지 않거나 반드시 우리를 이해하지 않더라도 우리 이야기를 기꺼이 경청하고 우리가 사태를 해결하도록 도와주는 사람에게 우리의 감정을 표출함으로써 이렇게 할 수 있습니다. 저는 내담자에게 "당신은 이 일에 관해 함께 이야기할 수 있는 가까운 친구, 당신과 소통하고, 당신을 직면하게 하고 북돋워 주는 친구가 있습니까?"라고 묻습니다. 우울증에 걸린 사람은 대화가 필요합니다. 즉, 자신의 이야기를 들어 주고 공감해 줄 친구가 필요합니다. 그러나 대부분 우울증에 걸린 사람은 이를 기피하고 뒷전으로 물러서 버립니다.

만약 주위에 이렇게 행동하는 친구가 있다면, 그대로 내버려 두지 마십시오. 그들에게 용기를 주고 심지어 압력을 가해서라도 그들이 느끼고 있는 것을 말하게 하십시오. 어둠 속에 있는 것들을 빛으로 이끌어 내십시오. 모든 억제된 것들에 대한 새롭고 현실적인 인식이 가능한 대화의 장으로 이끌어 내십시오. 빛을 주시는 성령께서 이 과정에서 역사하시고 치유가 시작될 것입니다.

이러한 표출의 필요성은 우리의 내적 세계와 접촉함으로써 납득시킬 수 있습니다. 우리의 억제 행위와 그것에 의해 지배당하는 행위를 인식할 수 있기 때문입니다. 그러면 우리는 내적으로 왜곡된 감정과 용감하게 직면할 수 있습니다. 우리는 이러한 왜곡된 감정에 압도당해서도 안 되고 또한 이러한 감정의 존재를 믿거나 이러한 감정에 의존해서도 안 됩니다.

우리의 느낌을 말로 표출할 때 또 우리 자신이 말하는 것을 들었을 때 우리는 사태를 더 잘 해결할 수 있습니다. 듣는 과정이 우리 자신을 정상적으로 될 수 있게 해 줍니다. 말하는 것과 듣는 것이 서로 보완되어 우울증을 극복할 때까지 지속되어야 합니다.

우리 자신과의 대화와 관련해서, 기도는 또 다른 도움의 원천, 즉 도움을 호소하는 실로 '본능적인 기도'가 될 수 있습니다. 이런 기도는 시편에서 많이 나옵니다. "오 주님, 깊은 구렁 속에서 당신께 부르짖나이다. 주님, 저의 기도를 들어주소서." 우리는 공허하고 메마른 감정을 느끼는 어둠 속에서 고통의 아픔을 기도로 하느님과 함께 나눕니다. 우리는 하느님으로 하여금 우리의 뒤틀리고 얽힌 영혼을 어루만지고 사로잡고 치유하시게 합니다. 이러한 상태에서는 하느님에 대한 우리의 믿음이 시험받기도 하지만 바로 이런 상태에서 우리 믿음이 성장합니다.

모든 우울증의 저변에 무엇이 억제되어 있는지 우리가 알아낼 수 있습니까? 억제되어 있는 수많은 요인이 있지만 가장 중요한 요인들은 불안감, 분노 그리고 부정적인 사고입니다. 불안감은 우리의 삶과 미래에 대한 무분별한 두려움이며 끊임없이 우리를 괴롭힙니다. 대다수의 이런 불안감은 비논리적이고 비합리적이며 우리 삶에 영향을 끼치고 스스로 불안정하고 자신감이 없다고 느끼게 합니다. 우리가 불안감에 관해 의논하고 더 솔직하게 고찰하면 그것을 더 잘 극복할 수 있습니다. 신뢰하는 친구와의 대화를 통해 이런 결과가 가능합니다. 솔직하고 정직한 대화가 문제를 완전히 해결할 수 없겠지만 때때로 우울증을 경감시킬 수 있습니다. 무엇보다 해결책은 드러내는 것에 있다는 것을 명심하십시오.

우울증을 유발하는 두 번째 요인은 단연코 가장 파괴적인 요인 가운데 하나인 억제된 분노입니다. 사실, 우울증에 대한 보편적인 심리학적 정의는 '내적으로 전환된 분노'입니다. 이 분노가 그토록 위험해지는 이유는 종종 인식되지 못하기 때문에, 즉 회피되고 부인되기 때문입니다. 제가 진술한 바와 같이 우리는 분노를 두려워합니다. 그래서 우리는 마음속에 불필요한 양의 압력과 해소되지 않은 갈등을 야기하며, 결과적으로 우울증에 걸리게 됩니다.

타인에게 마음의 상처를 받아서, 우정과 일자리를 잃어서 또는 배우자가 죽어서 마음의 동요가 일어난다는 것은 대체로 수긍하면서 이에 수반되는 분노에 대해서는 시인하거나 처리하려고 하지 않습니다. 우리는 반드시 자신의 분노를 경험해야 하며 필요한 경우, 죄책감 없이 그 분노를 적절하게 표출해야 합니다.

분노를 표출했거나 타인과 함께 나누었거나 또는 모종의 방법으로 해결했을 때, 우리는 수동적이고 파괴적인 억제에 빠져들지 않고 긍정적이고 건설적인 삶을 위해 자유로이 에너지를 활용할 수 있습니다. 때때로 우리는 무의식적으로 또는 의식적으로 무기력한 우울 상태를 선호하는 경우가 있는데, 관련된 문제를 해결하려고 고심하고 효과적인 결정을 고민해야 할 책임에서 벗어날 수 있기 때문입니다.

우울증을 유발하는 셋째 요인은 미묘하지만 분명하게 자존감과 자아상을 조종하는 부정적 사고입니다. 우리는 의기소침해 있을 때 자신에 대해 우울해지는 경향이 있습니다. 이런 우울한 상태에서는 가치 없는 감정과 생각이 증가합니다. 즉, 자신을 자책함으로써 자신이 자신의 최대 적이 되어 버립니다. 이런 경우 우리는 또한 사라지지 않고 계속해서 자신을 사로잡는 죄책감을 느끼게 됩니다.

그러므로 우울증을 극복하고자 한다면 자신에 대한 모든 부정적인 사고를 찾아내야 합니다. 우리는 죄를 범했기 때문에, 타인에게 상처를 주었기 때문에 또는 학교, 직장, 결혼 생활에서 실패했기 때문에 자신이 악하다거나 가치 없다고 여기곤 합니다. 이와 같은 자신에게 하는 비합리적인 말과 우리가 도출해 낸 터무니없는 결론들에 직면해야 합니다. 우리는 회복될 수 있고 미래에 대한 희망이 있다는 사실 그리고 행위는 그릇되지만 그 행위를 한 사람은 선하다는 사실을 스스로 납득해야 합니다.

자기 용서를 거부하면 우리는 우울한 마음의 고문실로 들어가게 될 뿐입니다. 그리고 자신에 대한 연민에 젖어들면 우리는 아주 자기중심적인 사람이 되고 맙니다. 이 모든 것이 우울증을 더 심화시키는 악순환을 이룹니다. 이것은 정서적 파괴일 뿐 아니라 심지어 자살까지도 생각하는 상황이 될 수 있습니다.

부정적인 사고는 또한 비현실적이고 파괴적인 완벽주의에 의해 선동됩니다. 우리 자신과 타인에 대한 비현실적인 기대로 우리는 끊임없이 실망과 우울증의 심화를 겪게 될 처지에 놓여 있습니다.

크리스마스 휴일 후에 사람들이 겪는 우울증의 일부가 이와 같은 예가 될 수 있습니다. 크리스마스 휴일에 누릴 수 있고 또 마땅히 누려야 할 것에 대한 높은 정서적 기대, 즉 사상 최고의 크리스마스 휴가로 만들려는 성급하고도 광란적인 시도가 우리로 하여금 부정적인 반응을 겪을 처지에 놓이게 합니다. 크리스마스는 미국의 우울증을 촉발시키는 엄청난 준비 단계가 될 수 있습니다. 실망감으로 우리는 공허감, 좌절, 불쾌감, 환멸 그리고 아마도 분노 상태가 됩니다. 그러므로 미국의 다수 지역에서 이미 황폐하고 암울한 1월과 2월이 여느 때보다 훨씬 더 우울증에 걸려 있는 것처럼 보입니다. 우리가 11월에 고심하고 있는 문제들이 1월에는 거의 극복하기가 불가능한 것처럼 보입니다. 우리가 이런 비현실적인 높은 기대감에서 새로운 깊은 구렁으로 떨어진 후 우울하게 미래를 고찰하는 것은 실로 당연한 일입니다.

현실적인 사고, 즉 더 나은 사람이 되고자 계속 노력하면서 우리 자신을 받아들이고 현재의 우리 자신에 만족함으로써 우리는 우울증을 가장 잘 직면하고 저지할 수 있습니다. 여기에서 하느님의 조건 없는 사랑과 구원 그리고 지속적인 용서에 대한 믿음이 우리를 정서적으로 또한 그리스도인으로 성숙하도록 도움을 줄 수 있습니다. 여기서 우리는 다시 그리스도인들이 어떻게 그들의 신앙이 자신들을 위해 역사하게 하는지를 알게 됩니다.

그래서 우울증에 걸린 사람들에게 신앙을 적용하는 것은 매우 큰 효과를 발휘할 수 있습니다. 우울증을 유발하는 세 가지 요인, 즉 불안, 분노, 부정적 사고에 대응하도록 도와주는 중요한 방법은 표출입니다.

마지막으로 희망을 잃지 않는 것이 중요하다는 것을 강조합니다. 우울증은 상실감과 매우 독특하게 연관이 있기 때문에 우리가 우리 자신, 타인 또는 하느님에 대한 희망을 상실하기가 쉽습니다. 희망이 없다면 우리는 무기력에 굴복해 버리고 자신의 삶에 대한 책임마저 포기하게 됩니다. 만일 우리가 그리스도인이라면 우리는 자신을 지탱해 주고 심지어 어둠 속에서도 앞으로 나아갈 수 있는 희망을 지닌 사람들입니다. 하느님이 우리와 함께 계시고 우리와 함께 역사하시기 때문입니다.

우리는 절망에 빠질 이유가 없습니다. 우울증은 치료 가능한 질병입니다. 우울증은 약물 치료가 필요할 수도 있지만 또한 표출되어야 하고 이러한 표출이 하느님에 대한 희망과 더불어 치유의 길로 인도할 것입니다. 성경은 하느님이 항상 당신의 백성을 그 무엇으로부터, 즉 혼돈, 이집트, 속박, 암흑, 깊은 구렁 또는 고통에서 구해 내시는 이야기입니다. 그러므로 하느님은 우리를 우울증에서 구해 내십니다. 하느님은 우리를 그 무엇에서 구해 주실 뿐만 아니라 그 이외의 무엇, 즉 더 나은 무엇으로 들어가도록 인도해 주십니다. 하느님은 혼돈에서 창조로, 이집트에서 약속의 땅으로, 어둠에서 하느님의 찬란한 빛으로 인도해 주십니다. 따라서 우울증은 정서적이고 영적 성장의 새로운 단계로 이동해 가는 기회가 될 수 있습니다. 아마 어떤 사람 또는 물건을 잃었을 때의 상실감은 부인될 수 없으며 또한 과소평가되거나 대체될 수도 없습니다. 그러나 이로 인해 다른 새로운 그 무엇을 얻었으며, 이것은 상실한 그 무엇보다는 실체적인 것은 아니지만 그러나 그에 못지않게 실질적인 것입니다.

우리가 여러 차례 우울증을 겪는 동안, 우리는 우리에게 일어나고 있는 것에 대한 더 심오한 의미를 모색해야 합니다. 빅터 프랭클은 우리에게 어떤 일이 발생하는 이유를 알 수 있다면 우리가 방법을 찾아낼 수 있다고 쓰고 있습니다. 그리스도인에게 있어서 그 누구보다도 예수께서 우리의 존재에 의미를 부여하십니다. 그러나 우리 각자가 그 의미를 찾아내야 합니다. 우리가 우울증의 상태에 직면할 때마다 우리는 더 큰 무엇으로 부르심을 받는 것입니다. 우리가 의미를 찾아낼 때 우리는 우리의 희망을 유지합니다. 즉, 우리는 치유를 경험하고 우리가 존재한다고 결코 깨닫지도 못했고 또한 존재하도록 바라지도 않았던 세상을 위해 우리 삶을 활용할 수 있습니다. 예수의 제자들도 성금요일의 우울이 부활 주일의 즐거움이 되리라고는 깨닫지 못했습니다.

10 자기비판

아니면 자기 비난입니까?

간음한 여인에 대한 이야기(요한 8,3-11 참조)에서 예수는 지혜로운 변호인으로서뿐 아니라 우리와 마음을 함께하시는 심리학자로서 등장하십니다. 스스로는 흠이 없다고 여기는 바리사이들이 당혹해하는 그 여인에게 배심원이나 심판관처럼 오만하게 군 것은 자신의 삶에 대한 인간적인 통찰 없이 행동하는 인간들의 비극을 보여 줍니다.

결혼이 파경에 이르게 된 것에 대해 본인의 잘못은 보지 않고 상대방만 책망하는 이혼한 남성 또는 여성, 왜 낙제점을 받았는지 이해하지 못하는 학생, 부모와 가정 때문에 자신이 이렇게 되었다고 탓하는 청소년, 무슨 이유로 자신이 과음하는지 모르는 알코올중독자, 자기 자신의 내면세계 그리고 자신의 감정과 단절된 정서적으로 문제가 있는 사람, 음식을 위안이나 탈출 도구로 삼는 비만한 사람, 자기 내부에 묻혀 있는 분노에 대해 무감각한 우울증을 겪는 모든 사람, 실패를 겁내고 자신감이 결여된 소위 나태한 사람, 지나치게 계산된 결혼을 하고서도 그것을 사랑이라고 부르는 정서적으로 미성숙한 사람이 앞서 말한 예가 됩니다.

이들이 겪는 문제가 많아질수록 이들의 통찰력은 감소되거나 감소되는 것처럼 보입니다. 이러한 사람들이 본인 자신 또는 자신의 행위를 직시하는 통찰력이 부족해서 그들이 범한 잘못을 타인의 탓으로 돌려 쉽사리 남을 책망하고 사과하거나 인정하기를 어려워하는 것은 당연한 일이 아닐까요? 어떠한 잘못에 대한 시인이 자기 자신과 자존감을 송두리째 앗아 가 버릴 것 같습니다. 거기에는 실패에 대한 근원적인 두려움이 있습니다.

예수는 바리사이들에게 그들 자신도 죄가 없지 않음을 알려 주십니다. 결국에는 그들도 그러한 메시지를 간파하여 그들의 죄를 인정하고 양순하게 사라집니다. 예수는 철저하게 비판적인 시각으로 스스로를 먼저 살펴보기 전에는 타인을 비난하지 말라고 가르치십니다.

타인이 나에 대해 비난하는 것도 듣기 힘들지만 자기가 자신을 비난하는 것을 견딘다는 것은 그 파괴력을 감안할 때 한층 힘든 일입니다. 성경에서 예수는 간음한 여인을 대하면서 우리의 죄와 실패에도 불구하고 우리와 함께하고 사랑하라는 중요한 교훈을 남겨 주셨습니다. 예수는 그 여인에게 "여인이여, 누가 당신을 비난했던가요?"라고 하시자 여인은 "선생님, 아무도 하지 않았습니다"라고 대답합니다. 그러자 예수는 "그렇다면 나도 그렇게 하지 않습니다. 가시오. 그리고 이제부터 다시는 죄를 짓지 마시오"라고 말씀하십니다. 남들이 우리를 비난하거나 또는 우리가 스스로를 비난할지언정 하느님께서는 우리를 비난하지 않으십니다. 여기에서 암시하는 바는 예수께서 바리사이들에게 촉구하신 대로 우리도 자신에 대해 비판적이 되어야 하지만, 자신을 비난하지는 말라고 하신 예수님의 가르침입니다.

자기비판과 자기 비난을 구분하는 경계선은 매우 모호하지만 이 둘의 차이점은 매우 큽니다. 이러한 이유로 사람들은 자기 자신을 비난하게 되지 않을까 두려워진 나머지 스스로를 비판적인 시각으로 살펴보는 것을 두려워합니다. 이들은 자기 비난과 자기비판을 동일시합니다. 저는 지금까지 스스로에 대한 통찰력이 없다는 사실을 제외하고는 매우 명철하고 재능 있는 사람을 많이 접했습니다. 이들은 그들 자신에 대해 알지 못합니다. 그래서 자신의 내면을 살피고 스스로에 대해 알아보라는 어떠한 전문가의 조언도, 심지어 우호적인 조언도 두려워하거나 거절합니다. 건전한 자기비판은 이것으로 말미암은 성장과 변화의 가능성과 더불어 우리에게 통찰력을 가져다주며 통찰력은 우리가 우리 자신에 대하여 알 수 있게 해 줍니다.

자기비판은 정서적 · 영적 성장에 절대적으로 필요한 것입니다. 우리가 지닌 통찰력의 정도는 건강한 결혼과 병든 결혼 또는 건강한 가정과 병든 가정의 차이를 규정합니다. 자기비판은 긍정적이며 생산적인 것입니다. 일단 우리가 자기비판을 두려워하지 않게 되면 그것은 해방감과 활기 그리고 자기만족을 주는 것이 됩니다. 자기비판은 우리의 바람이 그려 낸 허구적인 모습이 아닌 진정한 자신의 실체를 사랑하고 받아들이게 합니다. 그래서 우리는 비현실적인 기대와 그 결과 우리 스스로가 빚어내는 좌절감을 저지합니다. 건전한 자기비판은 우리가 인간으로서, 그리스도인으로서 더욱 성장하게 북돋워 줍니다. 우리는 자신을 잘 읽을수록 타인들을 더 잘 알게 되고 이해할 수 있을 뿐 아니라 그들이 필요로 하는 것들에 대해서도 민감해집니다.

자기비판은 우리가 선하고 가치 있는 존재이며 향상될 수 있고 실패를 통해 배울 수 있으며, 실패 없이는 변화가 불가능하거나 우리 자신의 인식과 한계성을 깨달을 수 없다는 사실에 관한 이해에 기초하고 있습니다. 역설적인 사실은 우리가 삶의 한 부분인 실패를 통해 변화한다는 것입니다. 그러므로 중요한 문제는 우리가 실패에 대응하고, 대처하는 방법입니다.

하느님은 우리의 실수에도 불구하고 우리를 사랑하십니다. 우리도 하느님처럼 할 수 있다면 우리는 참된 자기 사랑을 얻을 수 있을 것입니다. 반면에 자기 비난은 실패를 이유로 우리를 무가치하고 저급한 존재로 만듭니다. 실상 우리는 우리가 완벽하지 않다는 이유로 자신을 미워합니다. 그래서 자기 비난은 무기력하게 하는 것이며 파괴적이고 병적이며 반反그리스도교적입니다.

이러한 유해한 질병은 완벽주의자들에게 두드러지게 나타납니다. 그들은 모든 것이 성공적이 되어도 언제나 불행합니다. 반드시 흠을 찾아내기 때문입니다. 만족스러운 일이 있다 해도 이러한 사람들은 실패에 대해 걱정하기 때문에 만족감을 크게 경험하지 못합니다. 실패했을 때 그들은 스스로를 실패작이라고 여기기 때문에 이미 반쯤은 그렇게 되리라 지레 짐작합니다. 이들이 실패를 부인하는 것은 더욱 깊은 혼란 속으로 떨어지는 일입니다. 그래서 그들은 오로지 그들 내부에 있는 완벽주의의 쳇바퀴 돌리기만을 영구화합니다. 이들은 스스로를 힘들게 하며, 그들과 더불어 살아가는 것은 더욱 고된 일입니다. 무엇보다 이들은 남의 잘못을 용서하라고 하신 용서의 하느님으로부터 나오는 그리스도교적 삶의 기쁨과 평화를 맛볼 수가 없습니다.

자기비판은 우리의 삶에 새로운 활기와 희망을 불어넣어 줍니다. 반면 자기 비난은 절망과 죽음만을 가져다줍니다. 십자가의 공로로 살아가는 그리스도인들에게 자기비판은 타당하나 자기 비난은 어리석은 것입니다.

바리사이들이 간음한 여인을 비난하는 것에 대해 예수께서 꾸짖은 것은 그들이 스스로에게 비판적이 되라고 명하신 것입니다. 그 여인에게 하신 예수의 말씀은 더 이상 죄를 짓지 말라는 것이었습니다. 예수는 그 여인에게 실패를 통해 교훈을 얻기를 제안했으며, 무엇보다 그는 당신 자신이 여인을 비난하지 않았으니 그 여인도 자신을 비난할 필요가 없다는 것을 그 여인에게 재확인시켜 주었던 것입니다.

11 자기 사랑

관점에 따른 갈등입니까?

　　　　　　자기 사랑(自己愛)과 이기심 간의 갈등은 너무나 흔하고 또 항상 일어나는 현상이지만 실제로 이 갈등이 빚어내는 긴장감을 우리는 미처 알아차리지도 못하고 지냅니다. 이런 갈등들은 유식한 사람과 무식한 사람 혹은 신앙인과 비신앙인을 막론하고 누구에게나 존재합니다. 우리가 흔히 생각할 때 정신적으로 성숙하다고 여겨지는 성직자나 신앙인도 자기 사랑과 이기심을 혼동하는 경우를 볼 수 있습니다. 이 방면에 대한 불확실한 믿음은 인간관계나 일상생활에서 많은 불안이나 문제를 야기합니다.

　　심리학자들과 예수께서 우리에게 자신을 사랑하라고 말할

때, 우리는 그 말씀을 정서적·영적 성장의 본질로 결론짓곤 합니다. 사실상 그렇기도 하지만 이것을 실천으로 옮기기란 매우 어렵습니다. 예수는 우리에게 구체적인 충고를 해 주지 않으셨고, 심리학자들도 항상 명확하지 않으며 정서적·영적 성장이라는 점에 동의하는 것도 아닙니다. 그 때문에 어떤 심리학책들은 도리어 우리를 혼란스럽게 합니다. 그들은 철저한 자기중심주의(me-ism) 철학을 강조하여 내가 우선이고 모든 사람은 다음이라고 주장합니다. 그러므로 우리 대부분은 때때로 특별한 행위의 동기가 이기적이 아닌가 자문하면서 행동에 옮기기를 주저합니다. 그래서 무난하게 행동하기 위해 반대되는 행동을 하거나 전혀 행동하지 않습니다. 그러나 이 둘 다 올바른 처신은 아닙니다.

하나의 전형적인 예가 자신에 대해서는 거의 관심이 없으면서 언제나 남편이나 자녀들의 욕구에만 전념하는 아내나 자기희생적인 어머니의 경우입니다. 그것은 그녀의 어머니나 할머니가 보여 준 사랑의 방법입니다. 그녀는 이렇게 하는 것이 현모양처의 역할임이 틀림없다고 결론을 내립니다. 자신을 위해 시간을 할애하거나 자신을 위해 무엇을 한다는 것은 이기적이라고 생각하여 죄책감을 느낍니다. 그녀의 행동은 이기적인 아이들과 자기중심적인 남편을 길러 내는 슬픈 결과를 초래하며 결국 자신을 점차 아무것도 아닌 인간으로 느낍니다.

잘 알려지지 않은 또 다른 결과는 자기희생적인 역할에 최선을 다하려는 이상적인 사람들이 실제적으로는 자기중심적이 된다는 사실입니다. 사랑받아야 할 그들의 욕구는 모든 사람을 기쁘게 해야 자신이 사랑을 받을 수 있다는 정신적 집착에 얽매입니다. 그들은 자기 자신을 사랑하지 않기에 전적으로 타인의 사랑에 의존하며 그들의 자존감이나 정체성은 다른 사람들이 자신을 어떻게 생각하고 어떻게 말하는지에 달려 있습니다.

자기 사랑과 이기심은 경계가 모호하기에 관점에 따라 나타날 수 있는 갈등이 여기에 놓여 있습니다. 어떻게 하면 이기적이 아니면서 자기를 사랑할 수 있을까요? 이 경계가 모호한 것을 찾아 조화를 이루는 것은 우리가 일생 동안 생각해야 할 숙제입니다. 그러기 위해서는 우선 정직성, 자기 분석, 자신의 동기가 무엇인지를 찾아야 합니다. 우리가 만약 자신의 동기를 명확하게 밝혀 주거나 우리의 행동을 직면할 수 있게 도와줄 친구가 있다면 다행입니다. 그렇지 않다면 우리는 상담을 통해 자기 자신을 있는 그대로 정직하게 대할 수도 있습니다. 성숙을 위한 일부인 이 작업은 다른 사람을 사랑할 수 있는 자신의 능력의 기초를 다지는 것입니다.

결혼 생활에 문제가 있는 부부들의 공통분모는 건강한 자기 사랑과 자존감의 결핍입니다. 사랑이 돈독하고 친밀한 관계를 맺기 위해서는 노력이 필요하며, 남성과 여성의 차이에서 자연적으로 드러나는 긴장이 존재합니다. 만약 한쪽이 자기 존중과 자신감 그리고 자신에 대한 믿음을 포함한 건강한 자기 사랑이 없다면 부부 관계는 다음과 같은 결과를 초래합니다. 이런 부부는 자신의 정체성을 유지하기 위해 자주 불화를 겪습니다. 부부간의 의견 차이나 불일치를 개인적 모욕이나 위협으로 받아들이며, 이 모든 것은 사랑의 결핍에서 나온 것이라고 생각하기 때문입니다. 또 어떤 부부는 상대방에 흡수되거나 자신을 포기하거나 뒤로 물러나 자신의 정체성을 잃기도 합니다. 또는 앞의 두 가지 경우가 함께 복합되어 나타나는 경우도 있습니다.

그러나 이런 관계가 지속될 때, 부부가 함께 성장한다는 것은 점점 불가능해지며 그것이 곧 현실로 드러납니다. 어떤 경우든 거기에는 미숙한 자기 사랑이 있습니다. 한 사람의 끊임없는 인정을 필요로 하거나 상대방을 조종하려고 하기 때문입니다. 결국 이런 부부 관계는 이혼으로 끝을 맺게 됩니다. 이혼을 경험한 많은 부부는 이혼의 아픔을 통해 무엇이 참된 자기 사랑인지 발견합니다. 매우 값비싼 대가를 치르게 된 것이지만, 이들이 이혼을 통해서만 완전히 새롭게 태어나며 자기라는 선물을 깨닫고 건강한 자기 사랑을 경험합니다.

결혼이란 사랑을 받는 경험이 아니라 사랑을 주는 경험입니다. 사랑할 수 있다는 것은 내가 자기 자신을 사랑하며 서로 다름, 의견 차이와 불일치 그리고 모든 인간관계에서 일어나는 어려움까지도 처리할 수 있다는 것을 의미합니다. 저는 "그녀가 나를 사랑하기에 나는 딴 사람이 된 것 같다"는 누군가의 말을 듣고 놀라움을 금할 수가 없었습니다. 이 말은 다시 말하면 "나는 그녀의 사랑 없이는 무가치하다"라는 말과 같기 때문입니다.

건강한 자기 사랑은 인간관계에서 피할 수 없는 고통과 상처를 견뎌 내게 합니다. 우리는 상처받을 수 있지만 그렇다고 파괴되지는 않습니다. 예수도 이와 비슷하게 "누가 오른뺨을 때리거든 왼쪽마저도 돌려 대라" 하고 말씀하셨습니다. 당신이 자신을 사랑한다면 상처를 극복할 수 있습니다. 많은 사람은 이런 예수의 말씀을 남들이 우리를 마음대로 하도록 내버려 두라고 해석합니다. 당신은 상처로 인해 괴로워할 수도 있고, 불편함을 참아야 하며, 남들의 핑계나 변덕을 참아야 할지는 모르지만, 그러나 사람들이 당신을 학대하거나 파괴하는 것을 허용해서는 안 됩니다. 자기 사랑은 자신을 보호하도록 요구하기 때문입니다.

저는 부인들에게 "왜 남편이 정서적으로나 신체적으로 당신을 학대하는 것을 허용했습니까?"라고 묻곤 합니다. 흔한 대답은 "행여나 남편이 변화되리라"는 것이었습니다. 그러나 대부분의 남편들은 점점 나빠집니다. 그녀가 문제를 기르고 강화했기 때문입니다. 그러나 그 배후에 문제를 더욱 악화시키는 또 다른 원인이 있습니다. 그녀가 자기 사랑이나 자기 존중이 없었으며 자신을 변호하거나 남편의 병적 행동을 처음부터 저지하지 않았다는 것입니다. 게다가 여자는 이런 대우를 받아도 당연한 것처럼 느끼기는 경우도 있습니다. 결국 두 사람 모두 결혼 생활에 실패하게 됩니다.

간단히 말하면, 내가 타인을 사랑할 수 있기 전에 자신을 사랑해야 한다는 것입니다. 우리의 일차적인 인간관계는 우리 자신과 올바르게 관계 맺는 것이어야 합니다. 이 관계가 건강하지 못하면 우리는 타인과도 건강한 인간관계를 맺지 못합니다.

그리스도교의 핵심 사상은 "하느님을 사랑하고 이웃을 네 몸 같이 사랑하라"라고 간결하게 요약됩니다. 예수는 얼마나 훌륭한 심리학자이십니까! 이 말씀 안에 세 가지 사랑이 함께 엮여 있습니다. 세 가지 사랑 중에 어떤 하나의 사랑 없이는 온전한 사랑이 될 수 없습니다. 그렇지 않다면 사랑은 의심스러운 것입니다. 때때로 우리는 사람들이 얼마나 하느님을 사랑하고 있는지에 대해 말하는 것을 듣게 되는데, 도리어 그들의 행동은 신체적으로나 정서적으로 자신을 사랑하지 않습니다.

사람들은 관점에 따른 갈등을 처리하고 이기적인 사랑과 참된 사랑을 구별할 수 있는 기준을 언제나 찾고 있습니다. 그 기준을 서술하기란 쉽지 않습니다. 그렇지만 이것들을 구별하는 데 도움이 될 일반적인 특성은 다음과 같습니다.

우선 참된 자기 사랑은 자신의 복지를 위해 가장 좋은 것을 행하는 것입니다. 가장 좋다는 것이 꼭 가장 쉽다는 것을 의미하지는 않습니다. 가장 좋다는 것은 무언가 나를 기쁘게 하는 것 또는 재미있게 누구나가 하고 있는 것일 수도 있고, 어렵고 시간을 요하며 정력과 돈이 요구되는 행위일 수도 있습니다. "자신의 목숨을 버리는 사람은 얻을 것입니다." 이것은 후에 이득을 위해 자기 훈련과 희생과 현재의 욕구 좌절을 견디는 능력을 요구합니다. 동시에 타인에게서가 아니라 자신에게서 더 큰 자기 인식을 얻기 위해 분열과 고통을 대면하는 것을 의미합니다. 자기 사랑은 자기 안으로 돌아서서 그곳에 안주하는 것이 아닙니다. 그것은 자기중심적인 것입니다. 자기 사랑은 자기에게서 되돌아 나오는 것이며 이웃에게로 향하며 이웃을 어루만지는 것입니다. 그러나 우선 내가 이웃에게 베풀기 전에 자신에게 베풀어야 합니다. 이웃의 욕구를 확실하게 인식하기 전에 자신의 욕구를 먼저 인식할 수 있어야 합니다. 참된 자기 사랑은 이웃에게로 개방할 수 있도록 용기와 힘을 줍니다. 예수는 "밀알 한 알이 땅에 떨어져 썩지 않으면 열매를 맺을 수 없습니다"라고 하셨습니다. 이 씨는 잎이 나고 열매를 맺기 전에 먼저 싹이 트고 변형되어야 합니다.

갈릴래아호수는 요르단강에서 신선한 물을 받아들여 물고기와 식물이 잘 자라는 활기찬 호수가 됩니다. 갈릴래아호수는 다시 남쪽 출구를 통해 요르단강으로 흘러내려 감으로써 신선한 물이 계속 흐르고 마침내는 사해로 흘러들어 갑니다. 갈릴래아호수는 받기만 하지 않고(자신 안으로만 돌아서지 않고) 또다시 요르단강으로 퍼 주기에 풍요로운 삶을 누립니다. 이 물은 사해로 흘러들어 갑니다. 그런데 사해는 요르단강에서 신선한 물을 받기만 합니다. 아무것도 주지 않기에 여기에는 생명이나 식물도 살 수 없습니다. 사해는 받기만 할 뿐 결코 주지 않습니다. 이 점이 건강한 자기 사랑과 이기심의 차이를 이해하기 위한 열쇠라고 생각합니다. 자기 사랑은 이웃에게로 나아가기 위해 자신 안으로 방향을 돌리지만 이기심은 자신 안에 안주하기 위해 자신에게로 방향을 돌립니다. 밖을 향한 비전이 없는 곳엔 내적 맹인만 자리 잡게 됩니다.

우리 자신도 이와 마찬가지입니다. 우리가 자신을 사랑한다면 이웃에게로 나아가기 위해 자신을 돌보고 발전시킬 것입니다. 성경에서는 예수께서 홀로 산으로 피하셨다고 전합니다. 그는 자신에게 휴식이 필요한 때와 발걸음을 바꿀 때를 알고 계셨습니다. 그는 또 자신의 육체에 귀 기울이셨습니다. 그는 자신과 함께 할 때와 자신 안에서 벗어나야 할 때를 알았습니다. 그래서 그는 이웃에게로 되돌아올 수 있었던 것입니다.

상담 전문직에 종사하는 사람들은 번아웃burn-out으로 고통받을 때가 있습니다. 그들은 남에게 주기만 할 뿐 아무것도 받지 못하여 고갈됩니다. 사람의 한계를 알고 자신을 존중하는 것은 좋은 정신 건강입니다. 휴식을 취하는 것 — 잘 자고, 맛있는 음식을 먹고, 일을 끝맺고 벗어나는 것 — 은 자신을 사랑하는 좋은 표지이며, 내가 활기를 되찾고 재충전해야만 또다시 이웃에게 베풀 수 있을 것입니다.

"안식일을 거룩하게 지내라"라는 말은 "휴식을 취하라. 네가 일하고 남에게 베풀고 삶을 계속하기 위해 자신을 돌보라"는 뜻입니다. 일중독에 걸린 사람들은 다른 중독에 걸린 사람들처럼 자신을 돌보지 않는 자기 파괴적인 과정을 걷고 있는 사람들입니다. 부모가 자신들을 위한 일을 하고 시간을 할애할 때 그들은 자녀들에게 어떻게 살고 사랑하는지를 가르치는 것입니다. 홀륭한 자기 사랑은 자신을 바라볼 여유를 제공하며 자기 이해나 통찰을 발전시키기 위해 자신의 삶과 행동과 동기를 되돌아보게 합니다. 이 방법은 하느님에게서 받은 자신이라는 선물을 알게 되어 자신의 능력에 감사하고 더욱 발전시킵니다. 자신을 안다는 것은 우리를 더 겸손하도록 인도합니다. 자신의 천부적 재능을 아는 것은 동시에 자신의 한계를 아는 것을 의미합니다. 우리가 자신을 알고 자신의 한계를 알게 되면 우리를 둘러싼 세계를 더 잘 바라보고 삶의 현실을 좀 더 잘 인식하고 대처하게 됩니다. 이 자기 이해는 우리가 더욱 활기차고 이웃을 위해 생산적이도록 도와줍니다.

이 내적 성찰이 자기중심이나 자신에게 몰두하는 내향성과 같은 종류라고 혼동해서는 안 됩니다. 이런 내향성은 비전이 부족하며, 아무것도 주지 않는 사해와 같습니다. 이것은 자기도취적인 자기중심으로 타인을 향해 열려 있지 않습니다. 이런 상태는 평화가 아니라 근심과 초조의 상태로 특징지을 수 있습니다. 예수께서 "왜 그리 걱정하십니까?"라고 물으시며 "하늘에 나는 새를 보시오. 들에 핀 백합을 보시오. 그들은 씨를 뿌리거나 수고하지 않으며 곳간에 거두어들이지 않지만 하늘에 계신 아버지께서 돌보아 주시지 않으십니까?"(마태 6,25-28 참조) 하고 말씀하십니다. 불안한 사람들은 근심의 세계에서 벗어나지 못하고 항상 혼란 속에 머물러 있습니다. 그러나 건강한 자기 사랑은 내적 성찰을 계속하며 이웃을 바라볼 수 있게 합니다. 이들이 비전을 갖고 있는 반면 자기중심적인 사람은 자기 잇속만 차리고 자기 자신만 생각합니다.

건전한 자기 사랑의 또 하나의 특징은 합리적이라는 사실입니다. 자기 사랑은 기분이나 충동 혹은 강박적으로 행하지 않으며 자신의 주장만을 고집하지 않습니다. 또한 참된 자기 사랑은 건전한 이유에 기초하여 행동합니다. 그녀를 사랑하는 한, 남성은 자신의 방식대로 지배하지 않으며 매우 감성적이고 예민하게 그녀의 내면과 접촉합니다. 합리적인 사람에게 있어서 자기 사랑은 왜곡된 죄책감이나 부정직한 합리화나 핑계로 조종되지 않습니다. 참된 자기 사랑을 지닌 사람은 자신의 지성을 활용하여 자신의 삶과 결정에 도움이 될 지식이나 정보를 찾습니다.

참된 자기 사랑의 또 다른 지속적인 특징은 깊은 평화와 만족감입니다. 참된 자기 사랑을 지닌 사람은 모든 수단을 강구해서 올바른 것을 해 왔고 나쁜 상황 속에서도 최선의 결정을 내렸으며 이제는 동료의 압력에도 초연해질 준비가 되어 있다는 것을 알고서 행동합니다. 그는 비난을 두려워하지 않고 자신에 대한 믿음과 자신감으로 신념에 찬 행동을 합니다.

그는 또한 깊은 평화와 만족감을 지니고 행동하며 생활하는 도덕적인 사람이라고 말할 수도 있습니다. 따라서 참된 자기 사랑을 지닌 사람의 특징은 도덕적인 사람의 특징과 일치합니다. 도덕감이 결여된 사람은 참된 사랑이 결여된 사람입니다. 도덕감이 결여된 사람일수록 자기 존중이 결여되어 있기에 더욱 자기 파괴적인 행동을 합니다.

    평화와 자기만족은 그 사람이 지닌 가치관과 우선순위를 반영합니다. 한 개인의 가치는 이 안에 놓여 있습니다. 내가 자신을 사랑한다면 나의 가치는 내 안에 있는 것이지 다른 어떤 것이나 나 이외의 다른 사람에게 있는 것이 아닙니다. 나의 성공이나 값진 소유물이 나를 기쁘게 할 수도 있고 나를 안심시켜 줄지는 모르나 나의 기본적인 가치는 나 자신을 사랑하는 데 달려 있습니다. 그러므로 신앙의 최고의 행위는 하느님께서 나를 있는 그대로 조건 없이 사랑하신다는 것과 나 자신도 역시 자신을 있는 그대로 조건 없이 사랑할 수 있다는 것을 믿는 것입니다.

    자기 사랑이란 주제에 관해 서술하려면 더 많이 쓸 수도 있습니다. 그러나 저의 목적은 우리가 자기 사랑과 이기심을 혼동했을 때 어떤 문제가 발생할 수 있는지 더 분명하게 자각하게 하려는 것입니다. 자기 사랑과 이기심 사이의 건강한 균형을 발전시키는 것은 일생에 걸쳐 풀어야 할 과제입니다. 우리는 때때로 성공도 하지만 실패하기도 합니다. 그러나 자기 사랑과 이기심 간의 갈등을 제거하는 것은 우리에게 유익합니다. 우리는 이웃과 하느님을 사랑하기 위해 자신을 사랑합니다. 건강한 자기 사랑은 건전하고 올바르며 자기중심적이거나 이기적인 행동을 하는 것이 아닙니다. 우리가 이 두 가지를 구별한다면 가끔씩 우리를 괴롭히는 것을 제거하여 참으로 하느님과 우리 자신과 이웃을 사랑할 수 있을 것입니다.

12 베풂

아니면 굴복함입니까?

　　　　　　베푼다는 것은 우리 일상에서 우리가 타인과 관계를 맺는 데 매우 중요한 부분입니다. 만일 이 베푼다는 것이 실질적인 기술이어야 한다면 우리는 베푼다는 것의 의미와 그것이 무엇인지 좀 더 잘 알아야 합니다.

　우리는 누군가에게 책 한 권을 주기도 하고, 자동차를 태워 주거나 기분 좋은 미소를 보내기도 하며, 일 달러를 주거나, 음식 혹은 도움을 주기도 합니다. 아니면 정서적인 측면에서 우리 자신을 타인에게 내어 주기도 합니다. 그런 베풂은 우리가 누구인지, 무엇을 생각하는지, 어떻게 느끼는지 등을 잘 표현하고 있습니다. 그러나 친밀한 관계 속에서 정서적 베풂이란 것은 예민함과 긴장감을 주며 타인과의 관계에서 어려운 부분이 되기도 합니다. 이것은 단지 의사소통을 통한 좀 더 깊은 단계의 베풂뿐 아니라, 깊은 단계의 헌신과도 관련되어 있습니다. 나는 이와 관련하여 베풂의 세 종류에 관해 생각해 보려고 합니다.

자신을 내어 주는 행위는 사랑의 행위입니다. 이것은 주로 의지와 선택의 행위입니다. 거기에는 따뜻하고 부드러운 감정이 풍부하게 담겨 있거나 아니면 감정이 없거나 오히려 부정적인 감정이 포함될 수도 있습니다. 그러나 결국 감정이 있든 없든 이런 베풂도 여전히 정당하고 좋은 행위라고 볼 수 있습니다.

가끔 우리는 누군가에게 베풀 때 아주 긍정적인 감정으로 베풀어야만, 즉 자비로운 마음으로 기꺼이 베풀 때만이 순수한 베풂이라는 순진한 생각을 합니다. 이런 식의 사고야말로 우리를 괴롭게 만드는 생각입니다. 따뜻한 감정은 베푸는 행위를 확실히 촉진시킬 수 있고 더 많은 만족감을 줄 수 있습니다. 그러나 그런 따뜻한 감정 없이 오히려 부정적인 마음으로 베풀지언정 베푼다는 것은 마찬가지로 순수한 행위입니다. 어떤 따뜻한 감정 없이 베푼다는 것은 깊고 확고한 신념에 준해야 하는 것입니다. 다시 말해서 이것은 더 깊은 사랑의 행위인 것입니다. 만약 우리가 오직 '좋은' 느낌이 들 때만 베푼다면, 이는 매우 변덕스럽고 지속적이지 못합니다. 감정에 의한 행동은 매우 미성숙하고 유아적인 것입니다.

한 복음 구절이 이것을 잘 설명하고 있습니다. 어떤 사람이 두 아들에게 포도밭에 나가 일을 하라고 했습니다. 맏아들은 싫다고 대답하고, 둘째 아들은 가겠다고 대답합니다. 나중에 맏아들은 생각을 바꾸어 불평하며 포도밭으로 갔으나, 둘째 아들은 가지 않았습니다. 예수께서 물으십니다. "누가 아버지의 뜻을 행했겠습니까?"(마태 21,28-32 참조). 그 답은 명백합니다.

만약 아내가 남편에게 쇼핑을 함께 가자고 하는데 남편이 내키지 않는 표정을 보입니다. 그러나 남편은 "당신을 위해서 가도록 하지"라고 말합니다. 아내는 그 말에 불편함을 느끼고 "당신이 그렇게 느낀다면 그만둬"라고 말합니다. 다시 말해서, 남편이 긍정적인 감정 없이 말했다 하여 그의 좋은 뜻이 내팽개쳐지고 맙니다. 이런 것이 이해가 안 되겠지요? 남편이 좋은 감정에서 말하지 않았다는 사실이 아내에게는 훨씬 더 컸던 것입니다. 이것이 흔한 남자와 여자의 입씨름입니다. 그러므로 우리는 기쁘게 긍정적인 태도로 행하지 않으면 베푸는 것이 아니라고 생각하거나 별로 값지게 취급하지 않는 식의 그릇된 생각을 계속하게 되는 것입니다.

어떤 기본적인 헌신에서도 우리는 확신, 봉헌, 지속성, 충실성을 찾습니다. 이 특징들은 헌신을 이행하기 위해 긍정적이고 따뜻한 감정을 요구하지 않습니다. 모든 헌신에서, 특히 강렬한 감정이 항상 동반되는 낭만적인 사랑이 시들어지기 시작하는 신혼 때 이 사실을 이해하는 것이 대단히 중요합니다. 정열적으로 남에게 베풀 때와 마찬가지로 좋은 감정 없이 남에게 베풀어도 사랑은 강하며 오히려 훨씬 더 강해질 수도 있습니다.

우리의 감정이란 지속적이지 못하여 우리가 조절하지 못하기 때문에 그 감정이 우리의 베푸는 행위를 지배하도록 할 수는 없습니다. 만약 그렇게 한다면 감정에 따른 헌신은 지속될 수 없습니다. 감정은 지속될 수 없기 때문입니다. 그러나 자신이 남에게 계속해서 따뜻한 느낌을 얻지 못한다면 대인 관계를 면밀히 관찰해 보아야 할 것입니다. 아마 자신의 내부에 해결되지 않은 부정적인 감정들이 있음을 깨닫게 될 것입니다.

예수는 어떻게 살아야 하는가에 대해 모범을 보여 주셨습니다. 예수는 아버지의 뜻을 행하러 왔다는 주제를 자주 말씀하셨습니다. 예수의 최고의 베풂은 고통과 죽음이었습니다. 그도 기꺼이 자신을 내어 주고자 했지만 역시 주저함과 공포를 경험했습니다. "아버지께서는 어떤 일이든 하실 수 있사오니, 이 잔을 저에게서 거두어 주소서. 그러나 제가 원하는 대로 하지 마시고 아버지께서 원하시는 대로 하소서"(마르 14,36). 긍정적인 마음이 담겨 있지 않지만 여기에 최고의 베풂의 행위가 있습니다. 그의 자기희생은 깊은 헌신과 확신 그리고 봉헌에서 나온 것입니다.

순수하게 베푼다는 것의 또 하나의 특징은, 때때로 이것이 매우 어렵긴 하지만, 베푼 뒤에 오는 깊은 평화와 만족감입니다. 기쁜 감정의 유무에 관계없이 베푸는 행위는 이 감정을 초월합니다. 우리가 베풀 때, 내적인 망설임이나 주저함이 있었다 하더라도 분노나 비통함 또는 어떤 압력에 의한 것이 아니었다면 우리는 자유롭게 순수하게 그리고 사랑으로 베풀고 있는 것입니다. 우리의 외적 태도로는 아무도 우리가 내적으로 투쟁하고 있다는 것을 추측하지 못합니다. 그것이 바로 성숙함입니다. 그것이 바로 사랑입니다!

우리는 베풂에 관한 비현실적이고 이상적인 개념을 제거해야 합니다. 그렇지 않으면 우리가 자신을 속이거나 불필요한 문제들을 만들 수도 있습니다. 그러나 우리가 '굴복함'을 말하는 것은 완전히 다른 의미입니다. 굴복한다는 것은 부정적인 행위입니다. 이 말은 미움, 적대적인 반항, 강제로 우리가 원치 않는 바를 행하게 하는 뜻을 내포하고 있습니다. 이런 압박은 다른 사람에게서 올 수도 있고 자신에게서 나올 수도 있습니다. 우리는 굴복하지 않았을 때 생길지도 모르는 불쾌한 결과에 대한 두려움으로 베푸는 행위를 할지도 모릅니다. 굴복함은 기쁨에 찬 베풂과 확신에 찬 베풂과는 전적으로 다른 특색을 지니고 있습니다. 이 두 가지의 다른 점을 알고 혼동하지 않는 것이 중요합니다. 그리하여 우리는 친밀한 관계의 본질을 마음속에 분명하게 유지할 수 있습니다.

우리가 정말로 어떻게 생각하고 느끼는지 다른 사람들은 알아차릴 수 없을 때가 있습니다. 때때로 약간의 불평을 하면서 기꺼이 베푸는 것이 베푸는 사람의 부정적인 저항이나 원망으로 해석되기도 하고, 웃으면서 "네"라고 하는 것에도 저변에 깔린

증오와 원망을 감추려는 것일 수도 있습니다. 후자는 결혼 생활에서 혹은 가족 간의 대화에서 서로 마음을 열지 못하거나 정직하지 못할 때 일어나는 현상입니다. 그렇게 되면 서로 편안하지 못합니다. 그들은 다른 사람에게 어떤 일이 벌어지고 있는지 도저히 알아낼 길이 없습니다. 이런 관계는 결국 개개인을 혼란스럽게 하고 나아가 서로의 관계에도 문제가 생깁니다.

이런 경험들은 굴복과 그에 따른 분노를 억제하는 일이 너무도 잘 이루어져 그런 문제가 있음을 아무도 감지하지 못하는 가정에서 흔히 발생합니다. 이런 현상은 다음과 같이 설명될 수 있습니다. 다 큰 성인이 그의 부모에게 깊은 분노를 품고 있는데, 부모는 그의 분노를 모르고 있거나, 알게 될 경우 그의 분노에 당혹스러워합니다. 이것이 바로 '잘 사는 부부' 같았는데, 한쪽이 어느 날 떠나 버리는 예를 잘 설명해 줍니다. 쌓아 둔 분노가 표면으로 드러나고, 많은 경우에 떠나는 쪽이 오랫동안 '굴복함'을 견뎌 온 결과임을 알 수 있습니다. 굴복함은 친밀감을 파괴시키고 겉으로만 친숙한 허위적인 관계를 초래합니다. "저 사람들은 서로 사랑하는 부부가 아니었나? 저들은 서로 잘 맞았고 전혀 불화하거나 다투지 않았는데." 흔히 이런 '이상적인' 부부가 진실하지 않고, 심각한 문제를 안고 있습니다. 이런 부부는 자신들의 느낌을 전혀 나타내지 않았으며 '굴복함'에서 '베풂'으로 전환할 수조차 없었습니다.

우리는 부모에게 한 번도 걱정을 끼친 적이 없었고 늘 미소를 지으며 순종하는 사춘기를 지낸 한 어린 소년이 어른이 되어 폭발적이고 반항적인 행동을 하는 경우를 잘 알고 있습니다. 부모는 자녀가 유순한 것이 무척 기쁘겠지만 대부분 그런 아이는 안정된 아이가 아닙니다. 이런 아이는 어떻게 해서라도 남에게 순종하고 남을 기쁘게 해 주는 대가로 자신이 받아들여지기를 바라는 깊은 욕구를 이면에 감추고 있습니다. 참으로 '고분고분하지 않는' 아이는 부모에게 어려움을 줄 수도 있지만 적어도 그런 아이의 부모는 말 안 듣는 그 아이가 생각하고 느끼는 바를 알 수는 있습니다. 그 아이의 '왜곡된' 미성숙한 행위가 그것을 대변해 주고 있는 것입니다. 남에게 받아들여지기 위한 굴복은 임시적인 해결책은 될지 모르지만, 결국 그런 식의 순종은 부정직한 방법일 뿐 아니라 오히려 개인의 내면에 정서적인 갈등을 초래하며 나아가서는 서로의 관계까지 파멸시킵니다.

살다 보면 우리는 굴복함의 문제와 씨름을 해야 합니다. 창세기를 읽으면 하와는 뱀에게 굴복하고 아담은 하와에게 굴복함으로써 파괴적인 결과를 낳습니다. 무엇보다 우리는 베풂과 굴복함의 차이를 알아차릴 수 있어야 합니다.

만약 분노가 있음을 정녕 모르면 좋은 관계 속에서도 위태로운 상황이 일어날 수 있습니다. 한쪽이 굴복함으로써 누적된 분노는 불행한 결과를 가져온 후에야 그들이 알아차릴 만큼 잘 덮여 있을 수 있습니다. 굴복함은 마치 숨 쉬는 것처럼 자연스럽게 이루어지기 때문에 항상 우리의 내적 상태를 잘 알고자 하는 의식적인 노력이 요구되기도 합니다. 이 모든 것을 다 의식하며 살기는 불가능하지만, 우리는 가능한 한 우리의 내적 세계와도 접촉하며 살아야 합니다.

이런 문제를 해결하기 위해서는 굴복함에서 베풂으로 변화되어야 합니다. 때로는 우리가 굴복할 때 우리의 분노를 터뜨려야 합니다. 그래야 다른 사람들이 우리를 정확하게 볼 수 있습니다. 그렇게 될 때 우리는 서로 견뎌 내고 타협하며 의견이 다르더라도 계속 살아갈 수 있습니다. 적어도 문제점이 드러나 더 이상 서로가 서로에게 진지하지 않을 수 없게 되는 것입니다.

이러한 변화는 개인의 능력, 동기와 성숙도, 태도의 변화 등과 모두 연관되어 있습니다. 예를 들어, 남편이 아내와 장 보러 갈 때 불평을 하지만 "그래 여보, 당신을 위해서 가도록 할 게"라고 말한다면, 이것은 굴복함에서 베풂으로 변화되는 것입니다. 청소년들은 이렇게 하는 것을 자라면서 배워야 합니다. 그렇지 않으면 그들은 미성숙한 성인으로 남아 있게 될 것입니다. 주일만 되면 성당에 가지 않으려고 반항하는 청소년을 생각해 봅시다. 부모들은 그런 청소년이 굴복함을 초래하는 어떤 의무감에서 개인의 책임이라는 느낌이 들도록 변화시켜야 합니다. 그렇게 할 때 그 청소년은 "내가 미사에 가는 것은 내가 그렇게 하고 싶어서 혹은 부모님의 강요에 못 이겨서 가는 것이 아니라, 내가 미사에 가야 한다는 개인적인 신념 때문에 가는 것입니다. 내가 종교적인 책임감을 느끼기 때문인 것입니다"라고 말하게 될 것입니다.

이것이야말로 성숙을 향한 중요한 발돋움이 아닐 수 없습니다.

    우리의 명백한 혹은 감추어진 굴복함의 구조를 다룬다는 것은 우리의 정서적 혹은 영적 성장의 한 부분으로 볼 수 있습니다. 이는 더 현실적인 기대감으로 살아갈 수 있고, 우리 자신의 운명을 만들어 나가고 더욱 잘 조종할 수 있다는 것을 의미합니다.

    굴복함과 베풂의 차이를 구별할 수 있는 능력은 우리가 형성하는 관계의 유형 내에서 우리가 되고자 하는 개인적 인간 유형에 따라 상당한 차이가 날 수 있습니다. 결국, 이 차이는 우리 각자가 구분해야 하는 근본적인 차이입니다.

    원만한 관계 속에서 분노가 인식되지 않고 있다면 큰 위험이 일어납니다. 그래서 분노의 층은 한편이 굴복하는 결과로 계속 축적되는 것입니다. 그런 분노의 층은 불행한 결과가 발생했을 때만 알게 될 정도로 잘 덮여 있게 마련입니다. 굴복함의 양식은 우리가 숨 쉬는 것처럼 자연스럽게 일어나므로, 우리 내부에 무슨 일이 일어나고 있는지를 알기 위해서는 의식적인 노력이 요구되기도 합니다. 이 모든 것을 다 의식한다는 것은 불가능하지만 가능한 한 우리 자신 그리고 우리 자신의 내면세계와 접촉하는 데 항상 노력해야 합니다.

13   연민

    얼마나 중요합니까?

          연민은 성경 전체를 지속적이고 아름답게 엮어 나가는 주제입니다. 하느님은 항상 연민의 하느님, 즉 백성들의 처지를 헤아리시는 다감하신 하느님, 백성들과 항상 접촉하고 계시는 민감하신 하느님으로 묘사됩니다. 예언자 미카는 연민의 주제를 "그분께서는 다시 우리를 가엾이 여기시고"(미카 7,19)와 같이 요약하고 있습니다. 하느님은 우리와 격리되거나 멀어지지 않으시며, 우리에게 무관심하지도 우리를 등한시하지도 않으십니다. 요한 복음사가는 "하느님은 사랑이십니다"라고 말하고 있으며, 사랑은 또한 돌보아 주는 것이라고 말하고 있습니다. 우리가 하느님에게서 분리되었다고 느낀다면, 이는 대체로 우리가 우리 자신 또는 다른 사람에게서 느끼는 거리감 때문인 것입니다. 이런 감정들은 우리가 하느님에게 투사投射하는 것입니다. 이 과정에서 우리는 하느님을 바르게 평가하지 못하고 하느님과의 관계에서 불필요한 혼란과 혼동을 일으키고 있습니다. 바로 이러한 때에 신앙이 성장할 수 있는데 이는 우리가 느끼는 감정이 아무리 불쾌하더라도 하느님의 현존에 대한 우리의 자각이 도움이 되고 위안을 주기 때문입니다.

연민은 무엇보다도 다른 이들이 느끼는 감정에 대하여 내가 인지하고 있다는 것을 나타냄을 의미합니다. 연민을 드러내는 것은 우리 인간미의 절정과 본질을 보여 주는 것입니다. 연민의 정이 있다는 것은 또한 하느님과 같다는 것입니다. 하느님의 모상대로 창조된 우리가 하느님께서 지니신 연민을 그대로 드러낼 때 우리는 진실로 하느님의 아들과 딸인 것입니다.

우리는 하느님의 은총을 우리 마음속에 있는 연민과 인간미를 이끌어 내는 강력한 자석으로 생각할 수 있습니다. 우리 마음은 근본적으로 선합니다. 그러나 그리스도께서 노여워하신 자신의 재능을 묻어 둔 그 하인(마태 25,14-30 참조)과 마찬가지로 우리의 타고난 선함과 타인에 대한 연민을 종종 묻어 둔 채로 발휘하지 못하고 있습니다.

연민의 정이 있는 사람은 타인의 고통, 즐거움, 실망, 분노와 같은 감정에 민감합니다. 연민의 정이 있는 사람은 타인의 감정을 감지하고 표현하며 다시 이런 감정을 타인에게 전달할 수 있습니다. 타인은 이런 연민을 반드시 느끼고 경험하게 마련입니다. 그렇지 않으면 달리 어떤 식으로 타인이 이러한 연민의 존재 여부를 알 수 있겠습니까? 우리가 느끼는 것을 실제로 보여 주지 않고서 "사람들은 내가 그들에 대해서 연민의 정을 느끼고 있다는 것을 이해하거나 또는 알고 있다"라고 말하는 것은 이치에 맞지 않습니다. 우리가 어떻게 느끼고 있는지 보여 주지 못한 것에 대한 변명으로 "그것이 현재 나의 존재 방식이다. 또는 그것이 내가 과거에 성장했던 방식이다"라고 말하는 것은 변화에 대한 저항이며 타인에 대한 일종의 무관심을 보여 주는 것입니다. 이런 저런 합리화는 타인과의 의미심장한 인간적인 접촉, 즉 그리스도인이라는 것과 깊은 연관이 있는 접촉을 회피하게 하는 수많은 변명인 것입니다.

민족, 국가, 인종 그리고 인간관계의 모든 영역 특히 결혼과 가정에 있어서 오늘날의 세계에 존재하고 있는 가장 큰 죄는 무관심, 즉 타인에게 감정과 연민을 보여 주지 않는 것입니다. 이것은 우리가 주위 사람들의 인간적인 조건에 무관심하고 돌보지도 않으며 무시하는 행위를 하고 있다는 것을 의미합니다. 무관심이 우리 시대에 저질러지는 가증스러운 죄의 근본적인 이유가 되고 있는 것은, 무관심이 특히 가정과 같은 사람들의 당연한 공존 방식을 해치거나 파괴하기 때문입니다. 타인의 감정에 대한 무관심은 심지어 신체적 학대보다 더 파괴적이며 더 만연해 있습니다.

사실상, 타인을 학대하고자 하는 의도가 때로는 주목을 받고자 하는 욕구의 병적인 대체물이 아닐까 하는 생각이 듭니다.

오늘날 세계에서 심지어 미국에서도 수많은 사람이 굶어 죽어 가고 있다는 사실을 우리는 때때로 증오합니다. 그러나 가정에서 심한 마음의 상처를 받고 연민의 결핍으로 인해 정서적으로 죽어 가고 있는 사람의 수가 훨씬 더 많습니다. 이로 인해 인간 영혼이 메마르고 가정의 존립과 사랑이 위협받고 있습니다.

수많은 사람이 자신의 환경에서 사랑이 드러나지 않은 것에 대해 애석해하고 있으며, 이 때문에 자신에 대해 온갖 종류의 부정적인 해석을 하면서 자신의 자존심을 상하게 하고, 그릇된 일이기는 하지만 자신에 대한 부모의 사랑까지 의심하고 있습니다. 신체적·성적·정서적 학대를 저지르는 많은 범죄자는 어릴 적에 연민과 관심을 받지 못한 사람이라고 저는 확신합니다. 날마다 뉴스는 인간의 비극적인 기사로 가득 차 있지만 우리가 좀 더 면밀하게 보고 귀를 기울이면 그 기사의 이면에는 성도착증 환자와 같이 정서적으로 결핍된 사람들의 한탄에 찬 고통스러운 절규가 있습니다.

정서적이고 감정이 풍부한 인간이 되기를 두려워하기 때문에 우리의 관계는 파괴되고 친교를 추구하는 우리의 노력은 좌절됩니다. 적절한 영양분의 결핍으로 인해 우리의 관계는 시들어 갑니다. 그리스도께서 길가나 가시덤불 사이 또는 거친 땅 위에 떨어지는 씨앗을 묘사한 것은 우리 가족에게 존재하는 빈사 상태의 피상적인 관계를 일깨워 주고 있습니다. "포옹이 약보다 낫다"는 통속적인 구호가 가족 간에 감정 표현이 필요함을 분명하게 뒷받침해 주고 있습니다.

학업을 진지하게 수행하지 못하는 학생이든, 부정을 저지르는 배우자든 파괴적인 행위를 저지르는 사람은 정서적인 영양 보충을 위해 절규하는, 대개 정서적으로 결핍된 가정의 구성원입니다. 정서적 지지를 호소하는 가족 구성원의 간청을 무시하는 사람들은 가장 훌륭한 가정까지도 파괴할 수 있는 암적 요인을 제공하고 있는 것입니다.

신체적 또는 정서적 고통을 호소하는 사람들의 말에 열심히 귀를 기울이십시오. 이들은 둔감하고 연민의 정이 없는 가족 또는 결혼 관계의 희생물일 수 있습니다. 이들은 정서적으로 메마른 황무지에서 살고 있습니다. 이들 가운데는 연민을 추구하는 과정에서 무의식적으로 심리적인 또는 심신의 질병에 걸리는 사람도 있습니다. 또한 자신에 대한 타인의 둔감함 때문에 불필요한 실망과 좌절을 경험하는 사람도 있으며 감정적 반응을 유발하기 위해 성가신 잔소리, 갈등, 불안을 촉발시키는 사람도 있습니다. 아내가 남편이 여전히 살아 있는지를 알아보기 위해서 그리고 남편이 여전히 자신에게 관심을 가지고 있는지 확인하고자 "(남편에 따르면) 아무것도 아닌 일을 가지고" 남편에게 싸움을 걸기 시작하는 것은 흔한 일입니다. 이런 종류의 행동은 일부 남편들이 연민을 보여 주지 못한 것에서 비롯된 것입니다.

인간의 모든 특징과 마찬가지로 연민도 개발되어야 하며, 이는 노력, 행동 그리고 동기 부여가 필요합니다. 연민은 개인의 내부에 하나의 원료처럼 존재하기에 발굴되어 표면적으로 드러나야 합니다. 사람에 따라 이 사실을 자각하고 있는 정도가 다릅니다. 그리고 이런 자각의 대부분은 우리가 성장했던 가정의 분위기에서 기인한 것입니다. 우리 가족은 '다감한 가족'이었나? 가족 구성원들이 서로의 감정과 연민을 표현했는가? 아니면 가족 구성원들이 정서적으로 억제되고 감정 표현이 너무 부족했는가?

가족 배경이 지닌 장점과 긍정적인 면들을 깨닫는 것이 중요합니다. 그러나 우리 가족에게 존재했을지도 모르는 정서적 빈곤과 한계도 두려워하지 않고 인정하는 것도 필요하고 중요합니다. 이러한 시점에서야 비로소 우리가 연민을 표현하고 수용할 능력을 개발할 필요성을 깨달을 수 있습니다. 인간 잠재력을 확대시킬 수 있는 연민이라는 능력은 우리 각자의 마음속에 있는 것입니다. 이 능력은 개발될 수 있으며 또한 개발되어야 합니다. 문제는 "우리가 이러한 개발의 과제에 헌신하기를 원하고 있는가? 우리가 더 인간적이 되고 싶어 하는가?" 하는 것입니다.

가정은 감수성에 대한 모든 배움이 시작되는 장소입니다. 부모가 자식뿐만 아니라 서로에게 따뜻하고 부드러운 감정과 정서적 반응을 표현하고 이끌어 내는 데 모범을 보이는 것이 가족생활의 중심이 되는 것입니다. 오늘날 가족생활에서 비극은 많은 부모가 자신들에게 자녀가 보여 주는 감수성 부족에 불만을 품고 있다는 것입니다. 그러나 이러한 부모는 자녀에게 감수성 훈련을 시키지 못했습니다. 자녀의 비난받을 만한 행동이나 무례한 언어에 대해 부모가 느끼는 바를 자녀에게 나타내는 것이 반드시 필요합니다. 부모가 "기분이 상했다" 또는 "너의 끔찍한 언어에 화가 난다"라고 말할 때, 이는 부모가 자녀에게 죄책감을 갖게 하려고 하는 말이 아니라 자녀가 부모의 말을 세심하게 받아들이도록 만드는 것입니다. 가정에서 감수성은 부모가 자녀에게 그리고 자녀가 부모에게 가지는 쌍무적인 관계입니다. 이것은 가장 나이 어린 구성원에서 가장 나이 많은 구성원에 이르기까지 모든 가족 구성원의 책임입니다. 자녀에게는 삶의 모든 다른 면에서 그래야 하듯이 감수성 훈련이 필요합니다.

연민의 정이 있는 사람이 된다는 것은 또한 죄에 대한 감각을 지닌다는 것을 의미합니다. 죄는 대부분 타인에게 마음의 상처를 주는 것을 수반하며, 타인에게 감정 표현을 허용하지 않는 것은 매우 큰 상처를 줄 수 있습니다. 우리는 "내가 얼마나 마음이 상했는지에 대해 그가 전혀 언급을 하지 않았다" 또는 "내가 한 일에 그녀는 일체의 지지도 보여 주지 않았다"와 같은 고통스러운 불평을 듣습니다. 우리가 감정 표현을 박탈하고 상처를 주는 행위를 의식하는 것이 바로 감수성 있는 사람이 되는 첫걸음입니다. 우리가 타인의 고통에 민감할수록 그리고 용서를 구하고 보상을 하면서 타인의 고통을 더 수용하면 할수록 우리는 타인의 상처를 치료하고 민감한 사람으로서의 자격을 갖추게 됩니다.

둔감한 사람은 자신이 무슨 일을 하고 있는지 전혀 깨닫지 못하고서 타인을 파멸시키거나 타인의 감정을 상하게 합니다. 이런 사람들은 무책임하고 타인을 생각하지도 않고 자기중심적이며 타인의 현실과 동떨어져서 자기 나름대로 세상을 살아갑니다. 사람들이 죄에 대한 감각과 타인에 대한 감수성을 상실할 때 우리 세계는 살아가기에 더 위협적이고 불안정하며 고립되고 소외된 장소가 되어 버립니다.

연민과 감수성은 상담과 심리요법의 효과를 높이는 데 반드시 필요한 부분입니다. 상처를 주고 상처를 받는 사람들은 이에 대한 치료법을 모색하게 되는데, 이 치료법은 심오한 지적인 대답에서 나오는 것이 아니라 타인에게 연민의 정을 지니고 타인의 말에 경청하면서 타인의 고통을 흡수하는 데서 비롯됩니다. 사람들이 정서적으로 치유될 때, 그들은 자신의 삶에 대한 적절한 결정을 내리고 자신의 문제점들을 해결합니다.

타인이 느끼는 감정을 수용하는 가장 효과적인 도구 가운데 하나는 주의 깊고 적극적인 경청입니다. 연민의 정을 지니고 경청하는 것만이 타인의 영혼으로 들어가 그 영혼을 어루만지며 타인의 마음과 생각을 들여다볼 수가 있습니다. 그리고 타인에 대해서 느낀 감정을 전달하면서 우리는 연민을 나타내는 것입니다. 우리가 전하는 말 속에서 타인들은 우리의 존재, 보살핌의 손길, 따뜻함 그리고 친밀감을 느낍니다.

우리는 특히 성직자들에게 연민과 감수성을 기대하고, 또 그들에게 경험해야 합니다. 우리는 배려심 있고 세심한 성직자에게서 하느님으로부터 오는 연민을 느껴야 합니다. 이것은 성직자가 단지 설교와 전례를 행하는 사람일뿐 아니라 민감한 사람이어야 한다는 것을 의미합니다. 성직자가 느끼는 감정들은 상처받고 불안해하는 개인에게 연민을 전해 주게 마련입니다. 성직자들이 무능하다면 이것은 아마 성직자들이 둔감하거나 자신의 감정을 사람들에게 전달하지 못하기 때문입니다. 기도회, 전례 그리고 성사를 주관하는 성직자의 직무는 무효화될 수 없지만 성직자 자신의 영적 능력이 위태로워집니다.

성직자들은 흔히 (특히 미사나 전례 때) '사람에 대한 감각'을 지니지 못하는데, 이는 근본적으로 둔감성에 그 원인이 있을 것입니다. 전례와 설교는 신자들의 현 상태, 요구 사항 그리고 감정을 성직자가 깨달을 때 효과가 있습니다. 그렇지 않다면 신자들은 지루하고 화가 나는 것은 말할 것도 없고, 우물에 가서도 목이 마른 채 돌아옵니다.

라삐 해럴드 쿠시너의 『왜 착한 사람에게 나쁜 일이 일어날까』는 성공적이고 적절한 저서입니다. 고통받는 사람들에 대한 저자 자신의 감수성과 연민을 반영하고 있기 때문입니다. 예수는 무슨 일을 하든지 연민의 마음으로 행하셨습니다. 우리가 연민과 타인에 대해 동정심을 지닐 때 우리는 진정 그리스도인이며 하느님의 연민을 드러내는 대리인인 것입니다. 인간미와 그리스도교는 연민과 감수성의 교차로에서 만납니다. 사람들은 추상적인 것에서가 아니라 인간적인 만남의 따뜻함 속에서 하느님을 발견합니다.

연민과 감수성에 관해 아무리 진지하고 신중하게 숙고한다고 하더라도 자신에 대해 느끼고 알지 못한다면 아무 소용이 없습니다. 우리는 자신의 내적 세계, 즉 자신의 고통, 걱정, 분노, 상처, 갈등, 혼돈, 의심, 공포 이 모든 것을 먼저 경험해야 합니다. 우리가 이런 감정들을 스스로 경험하고 찬찬히 느낄 수 있을 때까지 타인에 대한 감수성과 연민은 결코 얻어지지 않을 것입니다. 우리는 자신을 비웃을 수도 즐길 수도 있어야 하며, 자신에게 절규하고 분노할 수도 있고, 자신의 불안정감, 약점, 수치심까지도 느낄 수 있어야 합니다. 쿠시너가 쓴 책에 사람들이 크게 감동하는 한 가지 이유는 그가 자신의 아들을 잃었을 때 강렬한 고통과 감정을 경험했기 때문입니다. 그는 자신을 느끼고 알고 있었기 때문에 다른 사람들을 감동시킬 수 있었습니다.

연민과 감수성이 결여된 대부분의 사람들은 대체로 자신의 감정을 잘 알고 있지 못합니다. 그들은 대체로 이 감정들이 존재하는 것에 당황해합니다. 그들이 자신이 지닌 인간미의 풍요와 깊이를 경험할 수 없다는 것은 얼마나 안타까운 일입니까! 내가 스스로에게 연민을 느끼고 민감할 때 진정 내 안에서 하느님을 경험합니다. 이러한 경험에서 나는 "하느님은 사랑이시다"라는 성 요한의 말을 더욱더 깊이 알게 됩니다. 우리가 이런 사랑을 경험하는 가장 정통한 방법 가운데 하나는 우리의 죄와 실패 그리고 실망에 비추어 우리 자신을 향해 눈을 돌리고 우리 자신을 용서하는 것입니다. 하느님이 우리를 사랑하시기 때문입니다.

연민의 정이 있는 사람은 또한 타인에 대한 동정심이 너무도 많기 마련이므로 타인을 기꺼이 대면하려고 합니다. 대면은 연민의 한 모습입니다. 연민의 정이 있는 사람이 타인의 행위가 자신에게 상처를 주거나 자신을 파괴하고 있다는 것을 지각하기 전까지는 그렇습니다. 그러므로 연민의 정이 있는 사람은 보살피려는 특성이 있기에 대면합니다. 학업에 방만한 어린이, 지나치게 많은 시간 동안 일하는 남편, 자신의 건강을 등한시하는 어머니, 자신의 육체적·정서적 행복에 관심이 없는 사람들, 이와 같은 자기 파괴적인 사람들은 자신이 처한 어려움을 감지하고 애정을 가지고 자신과 대면해 주는 누군가가 필요합니다. 이것은 분노, 훈계, 도전, 간청 또는 심지어 절규의 형태를 취할 수도 있지만 어떤 식으로든 우리는 우리가 사랑한다고 말하는 그들에게 다가가야 합니다. 분노와 우울한 상태의 사람들이 감수성과 연민을 필요로 한다는 것을 깨닫는 것은 흥미로운 일입니다. 그러나 잦은 직접적 대면 또한 그들에게 단순히 또는 충격을 주어 그들의 상태에서 벗어나게 하는 데 필요합니다. 내담자들과 함께 작업하면서, 제가 행한 직접적인 대면이, 대개 분노의 형태로, 다른 사람들로 하여금 파괴적인 습관을 버리고, 걱정과 의기소침의 상태에서 벗어나게 하는 데 도움을 준 경우가 있었습니다. 가끔 이렇게 하는 것이 위험하기도 했지만 효과가 있었습니다.

예수는 연민의 정이 대단히 깊었습니다. 예수는 타인에 대한 연민이 하도 깊은 나머지 그들과 대면하시곤 하는데, 부유한 젊은 청년, 다섯 번 결혼했던 우물가의 여인, 주님께서 고통을 받아서는 안 된다고 예수를 안심시키려고 안절부절못하던 베드로 등이 있습니다. 모세는 하느님 앞에 자기 민족의 처지를 간청하면서 자기 민족에게 많은 연민을 보여 주었습니다. 그러한 연민을 지닌 모세도 자신을 따르지 않던 민족과 대면했습니다. 고통받는 민족을 위해 모든 연민을 베풀었던 예언자들도 그 민족이 하느님께 반역했을 때에는 그 민족에게 대면하기를 주저하지 않았고 그들에게 도전했습니다.

연민과 감수성은 복음과 성경 전체를 엮어 나가는 실입니다. 연민과 감수성은 우리가 진실로 살아 있고 인간적인, 즉 참된 그리스도인이 되고자 할 때 우리 자신의 삶에 엮어 넣어야 할 실인 것입니다.

14 　　변화

　　무엇을 변화시킬 수 있습니까?

　　　　"하느님, 저의 힘으로 변화시킬 수 없는 것들은 그대로 받아들일 수 있는 평온함과 저의 힘으로 변화시킬 수 있는 것들은 변화시키는 용기를 주시고 또한 그 차이를 아는 지혜를 주소서." 우리는 진정 무엇을 변화시킬 수 있을까요?
　이 기도는 역경에 대처할 때 희망을 주는 삶의 방법을 심오하게 명시하고 있습니다. 사람들은 종종 역경에 처해 있다고 느낄 때 상담 전문가 또는 전문가가 아닌 타인에게 도움을 청합니다. 이들의 문제 해결에 결정적인 역할을 하는 것은 타인에게 받는 도움이 아니라 타인의 도움으로 자신이 실행하는 일입니다.

타인에게 도움을 청하는 행위는 실로 자기 자신을 돕는 행위입니다. 사람들은 흔히 "이렇게 상담 예약 전화를 걸기까지 몇 달, 몇 년을 망설였습니다"라는 말을 합니다. 자신이 자신을 도와야 한다는 필요성을 인식할 때 변화 가능한 것들을 변화시킬 수 있는 용기가 생길 수 있습니다. 타인에게 도움을 청하는 행위가 스스로를 돕는다는 사실은 도움을 청하는 당시에는 알지 못하며 그 후에야 비로소 깨닫게 됩니다. 자신의 문제를 해결하기 위해 자기 내부 역량을 이용할 수 있다는 자신감을 회복하고 있음을 깨닫는 것입니다. 이런 식으로 도와주는 것이 효과가 있습니다. 우리는 도움을 청한 이들을 대신해서 결정을 내려 주거나 그들의 문제를 해결해 주어서는 안 되며, 그들이 인식하지 못한 채 잠재되어 있는 그들의 내부 역량을 스스로 접할 수 있도록 도와주어야 합니다.

우리가 변화시킬 수 있는 유일한 것은 우리 자신입니다. 이것은 대단히 어려운 일입니다. 하물며 우리가 타인을 변화시키려고 나서면 예기치 못한 어려움과 좌절감에 부딪힐 겁니다. 사람들은 누군가가 자신을 변화시키려고 한다는 사실을 알게 되면 자연스럽게 거부감을 느끼기 때문입니다.

우리는 타인을 변화시키려고 너무나 많은 노력을 낭비하고 있습니다. 사람들이 다투는 경우, 특히 부부간이나 집안싸움의 경우, 대체로 어느 한쪽이 위협 또는 비난을 하면서 강압적으로 변화시키려 할 때 비난과 불만의 소리가 터져 나옵니다. 이와 같은 상황의 저변에는 "당신이 변하지 않는다면, 당신은 내가 원하는 모습의 당신이 아니기에 내가 애정을 가질 수 없다"라고 하는 메시지가 종종 담겨 있습니다. 여기서 우리는 수용의 문제, 즉 상대방의 결점까지도 묻어 두고 그 사람 자체를 사랑하는 무조건적인 사랑의 문제를 접하게 됩니다. 또한 남들의 비위를 맞추려고 마음에도 없이 순응하고 변화하는 낮은 자존감을 지닌 사람의 문제에도 접하게 됩니다. 이 두 가지 상태는 일종의 병입니다.

　우리는 다른 사람이 우리가 원하는 대로 외적으로 순응하고 변화하기를 기다릴 수 있지만, 내적으로 자신을 변화시킬 수 있는 이는 오로지 자기 자신입니다. 자신의 행동에 궁극적으로 영향을 주는 것은 자신의 태도, 가치관 그리고 신념입니다. 예컨대 부모는 자녀가 순응하도록 다스려야 하지만 궁극적으로 자녀의 내적 변화는 오로지 자녀 스스로의 성숙한 신념에 의해 이루어지는 것입니다.

　결혼 생활의 문제로 저를 찾아오는 어느 부부의 첫 상담에서 저는 그 부부가 심각한 문제를 안고 있다는 것을 알 수 있습니다. 그 부부는 서로를 불신하고 있으며 변명하면서 상대방에게 책임을 전가하고 있습니다. 이들은 두려워하고 있습니다. 어느 한쪽도 스스로 변화할 수 있는 것을 변화시키고자 하는 의지가 없습니다. 이런 부부의 경우, 어느 한쪽이 변화하려는 용기를 낼 때 그들의 불행한 관계가 변하기 시작합니다. 두 사람의 불행한 관계가 어느 한쪽의 변화로 달라짐을 보는 것은 언제나 매우 놀랍고 신비로운 일입니다.

　변화하는 측은 다음의 두 가지 중 어느 한 가지 방법으로 상대방에게 영향을 주게 됩니다. 첫째, 무의미한 다툼에 합세하기를 거부하여 두 사람 사이의 바람직하지 않은 행동의 틀을 깨뜨려 서로 이기겠다는 식의 싸움을 종식하고 상대방을 대하는 새로운 방법을 모색하는 것입니다. 둘째, 한쪽이 상대방의 변화에 감화되어 자신도 변화하는 경우입니다. 서로에 대한 신뢰를 회복하고 무관심했던 배우자는 진지하고 자상하게 변합니다. 스스로 고칠 수 있는 것을 고칠 때 상대방에게 어떤 식으로든 긍정적인 영향을 주게 됩니다. 상대방과의 관계 개선을 위한 변화에서 어느 한쪽이 가진 치유의 힘은 이해할 수 없을 정도로 대단합니다.

　부모가 자녀들의 문제로 고민하고 있을 때, 저는 "부모가 자신을 먼저 알아야 자녀를 변화시킬 수 있다"는 생각을 합니다. 자녀를 대하는 접근 방법을 개선함으로써 부모들은 자녀의 행동 변화에 영향력을 미칠 수 있습니다. 이것이 복잡한 원리는 아닙니다. 많은 노력을 요하는 것이지만 효과적입니다. 우리가 변화 가능한 것들과 자신을 변화시킨다면 타인들도 그 영향을 받아 변화할 것입니다.

　우리가 변화할 수 있다고 믿습니까? 사람들은 대개 이에 대해서 부정적입니다. 흔히 이러한 사람들은 변화에 대한 두려움 또는 역부족으로 인하여 자신이 변화를 거부하고 있다는 사실을 은폐하려 합니다. "우리가 변화하기를 원하는가?" "진정으로 자기 자신을 신뢰하고 있는가?" 이것이 가장 핵심적인 문제입니다. 이것이야말로 의지의 문제이며 또한 많은 사람이 실행하기를 거부하는 자유 선택의 문제인 것입니다.

　우리는 변화에 대하여 많은 말을 하면서도 변화를 두려워합니다. 우리는 현재 주어진 처지에 편안함을 느낍니다. 그 현재의 처지란 것이 불행한 것일 수도 있지만 우리는 어떤 면에서 불행한 상황에서도 편안함을 느낍니다. 우리가 변화를 시도할 경우 앞으로 자신에게 무슨 일이 닥칠지, 자신이 어떻게 변화하게 될 것인가를 확신할 수가 없습니다. 우리는 미래의 불확실한 상태에 대해 불안감을 느끼고 과거 상황으로 되돌아가거나 현재 상태로 머물게 됩니다. 묘하게도, 우리는 그 불행한 상황이 고통스럽다고 해도 그 상태에서 일종의 편안함을 느낍니다.

　변화가 가져다줄 미래에 대한 불안감과 이것을 감당할 수 있는 자신감의 결여 때문에 우리는 결혼 생활을 포함한 건강하지 못한 관계에서 헤어나지 못하고 있습니다. 이혼의 경우, 두 당사자가 겪는 불안감은 한층 높습니다. 심지어 이들이 갈라서는 경우에도 미래에 대한 불안이 엄청납니다. 이런 점을 감안하면 일부 사람들이 호전될 가능성이 보이지 않는 그들의 관계를 지속하기 위해 성급하고 사려 깊지 못한 화해를 하는 행위는 놀라운 일이 아닙니다.

　정신적 고통과 혼란을 겪고 있는 사람들은 이런 식으로는 더 이상 살고 싶지 않다고 비명을 지르지만, 여기에는 앞서 언급한 변화에 대한 심리적 저항이 항상 존재합니다. 이 심리적 저항은 자연스러운 반응이지만 우리가 이것을 인식하고 받아들일 수 있다면 매우 유익한 것입니다. 이렇게 할 때 우리는 그 심리적 저항에 대처하고, 그것을 이해하며, 해소할 수 있는 능력을 얻게 될 것입니다.

심리 치료를 받는 사람들은 일단 자신이 변화하기 시작하면 갑자기 타인의 도움을 받기를 중단합니다. 어떤 방법으로 당면한 고민에서 벗어나고자 도움을 청하지만 기혼자들과 가족 구성원들은 변화가 가져올 미래에 대한 불안감으로 인해 새롭고 더 나은 삶의 기회를 눈앞에 두고 놓치게 됩니다. 상황이 조금만 호전되면 그들은 이전의 그 불행하지만 '편한 상태'로 되돌아갑니다.

예수는 이와 같은 상황을 다음과 같이 비유로 들려주십니다. "더러운 영이 어떤 사람에게서 나가면 쉴 데를 찾아 메마른 곳에서 헤맵니다. 그러나 찾지 못합니다. 그때에 '내가 나온 집으로 돌아가야겠다'고 합니다. 그리고 가서 보니 그 집이 비어 있을 뿐 아니라 말끔히 치워지고 정돈되어 있는 것을 발견합니다. 이에 그는 가서 자기보다 더 악한 다른 영들 일곱을 함께 데리고 들어가 거기서 거처합니다. 그러니 그 사람의 말로는 처음보다 더 비참하게 됩니다"(마태 12,43-45). 예수께서 제가 하고자 하는 말을 대신 해 주고 있다는 생각을 합니다.

저는 이 변화라는 문제에 매료되어 있습니다. 스스로 변화를 이룬 많은 이와 함께하면서 저는 그들에게서 변화와 성장에 관해 많은 것을 배웠으며, 그들은 또한 제가 살아가는 방법에도 깊은 영향을 주었습니다. 제가 배운 것은 우리의 삶에서 변화의 원동력은 우리가 타인들, 특히 우리를 괴롭히는 타인들을 변하도록 하는 방식 — 이것은 실제 불가능한 것이죠 — 이 아니라 근본적으로 우리 자신이 타인을 상대하는 방식입니다.

    여기서 저는 악과 불의가 지속되도록 내버려 두거나, 악과 불의에 직면해서 우리가 수동적이 되거나 운명론적인 입장을 견지하거나, 또는 이 세상에서 제거해야 할 명백한 인간의 비극인 악과 불의를 우리가 부인해야 한다고 주장하는 것이 결코 아닙니다. 제가 주장하려는 것은 우리 자신이 허락지 않는 한, 어느 누구도 앗아 갈 수 없는 우리에게 주어진 유일한 힘은 우리의 힘겨운 삶의 상황에 따른 대처 방식을 스스로 자유로이 선택할 수 있다는 것입니다. 즉, 우리는 우리 자신의 태도, 행위, 언행, 상황 대처법에 대한 변화 유무를 선택할 수 있다는 것입니다. 우리에게는 언제나 대안이 있습니다. 우리가 타인 또는 외부 상황에 압도되어 과민 반응을 보이고, 분열되며, 불행과 근거 없는 죄책감을 느끼는 한 우리는 스스로를 통제할 수 없습니다. 우리는 그러한 외부 요인에 의해 통제당하고 있는 것입니다. 그러한 것이 우리를 허물어뜨리고 있는 것입니다. 항상 다음과 같은 사실을 자각해야 합니다. "이런 상황이 발생하도록 우리가 허용하고 있다. 우리가 이 상황을 처리하는 것이 아니라 이 상황에 우리가 끌려가고 있다."

"이런 상황 속에서 나 자신이 어떻게 변화해야 할 것인가?" 또는 "어떤 식으로 이 사람을 상대하는 것이 좋을까?"라는 질문을 자신에게 던질 수 있는 능력이 모든 개인 상담 치료와 온전한 정신 건강의 기본 요소입니다. 다시 말해서, "어떻게 하면 더 성숙한 태도로, 즉 더 차원 높은 행동 양식을 통해서 당면한 문제를 뛰어넘을 수 있을까?" 하고 자문할 수 있는 역량을 길러야 합니다. 역경을 통해서 우리는 성장할 수 있습니다.

어떤 이들은 실질적으로 유일하게 변화시킬 수 있는 것이 상황과 또는 상대방에 대한 자신의 접근 방식의 변화뿐인 경우에도 오히려 그 상황이나 상대방이 변화해 주기를 바랍니다. 아마 오직 자신의 접근 방법을 바꾸었을 때만 그 상황에 변화가 일어나거나 상대방이 모종의 감화를 받을 것입니다. 저는 지금까지 사람들이 변화하는 사례를 수없이 목격했습니다. 심지어 고통스러운 상황이 지속되는 가운데서도 그들은 주어진 상황에 대해서 나름의 최선의 방법으로 대처함으로써 평안을 찾을 수 있었습니다. 소크라테스는 "자신을 알라"라고 했으며, 프로이트는 "자신의 본 모습을 간직하라"라고 일러 주었습니다. 예수는 "자신을 사랑하라"라고 하셨습니다. 자신을 변화시킨다는 것은 자신을 사랑함을 의미합니다.

예수의 가르침과 그분의 삶을 면밀히 관찰해 보면, 우리는 예수께서 언제나 변화라는 본질적인 문제로 돌아오신다는 것을 알 수 있습니다. "밀알이 땅에 떨어져 죽지 않으면 한 알 그대로 남아 있을 뿐입니다. 그러나 죽으면 많은 열매를 맺습니다"(요한 12,24). 우리가 어떤 사람으로 변화할 것인가는 우리가 주어진 삶의 상황을 처리하는 방식에 의해 결정됩니다. 우리는 살아가면서 항상 갈림길에 서 있습니다. 다시 말해, 우리는 더 나은 인간이 될 것인가 아니면 불행한 인간이 될 것인가를 결정하는 선택을 해야 하는 요구를 끊임없이 받고 있습니다. 예수는 "여러분은 그들의 열매로 그들을 알아보시오"(마태 7,16)라고 하셨습니다.

어떠한 상황에서도 우리는 먼저 자신을 살펴보아야 합니다. 그리고 나서 당면한 상황이나 상대방에 대한 대처 방법을 알기 위해 외부로 눈을 돌려야 합니다. 이것이 어떤 식으로든 우리를 끊임없이 통제하려는 이 '정신 나간' 인간 세상에서 제정신을 유지하는 방법입니다. 청소년기의 경험이 외적인 요인에 의해 통제당하는 상황의 예가 됩니다. 즉, 청소년기에는 항상 자제력이 없으며, 늘 동료 집단의 압력을 받으며, 깊이 생각하지 못하며 독립적인 사고력이 없습니다. 이 시기에 머리에 가득 찬 생각은 온통 남들의 기대에 바탕을 두고 있습니다. 어느 시점이 되면 청소년기에서 성년기로 넘어가야 합니다. 성인으로서 우리는 자신의 삶에 대한 책임을 지기 시작하며 삶의 대처 방법을 선택해야 합니다. 실패할 수도 있지만 실패 역시 삶의 한 부분입니다. 우리는 실패를 통해서 배울 수 있는 용기 그리고 실패를 딛고 스스로 선택한 것에 책임을 지면서 우리의 삶을 계속 매진할 수 있는 용기가 필요합니다. 성인이 되어서도 청소년기의 상태를 벗어나지 못하는 경우가 가끔 있는데, 이것은 우리가 변화와 선택하기를 거부하고 자신의 삶에 대한 책임을 회피하기 때문입니다. 이런 부류의 사람들은 어려움을 당하면 뒷전으로 물러나서 그저 탄식이나 불평을 하며 남 탓만 합니다. 저는 그렇게 불평을 늘어놓는 사람을 보면 "가서 잠이나 좀 주무시지요"라고 권합니다. 이런 말을 들은 후 그들은 저에게 더 이상 말하지 않습니다. 그들은 도움을 바라지 않습니다. 즉, 자신이 처한 상황에서 벗어나기를 원하지 않습니다.

　　삶의 고민, 가슴 아픈 일들 그리고 부당함은 종종 우리가 변화하고 성장하도록 강요합니다. 우리가 스스로 변화시킬 수 있는 것, 즉 우리 자신을 변화시키는 데 우리가 스스로의 몫을 수행하면서 하느님의 뜻에 협력할 경우, 하느님께서는 악으로부터 선을 구현하실 수 있다는 것이 우리의 믿음입니다. 예수는 "자기 자신을 버리고 제 십자가를 지고 나를 따라야 합니다"(마르 8,34)라는 말씀으로 우리 스스로가 변하기를 독려하십니다. 예수는 우리 모두가 세상의 악과 불의와 함께 살아가야 함을 지적하셨습니다. 성경의 밀과 가라지에 대한 비유에서 종이 주인에게 "이 가라지들을 뽑아 버릴까요?" 하고 묻자 주인은 "아니다. 그것들이 함께 자라도록 내버려 두어라"라고 대답했습니다. 예수는 우리 주변에서 자라는 이 가라지들을 처리할 때 우리가 자신을 어떻게 다루어야 하는지 보여 주십니다. "나는 길이요 진리요 생명이니 나를 따르십시오"(요한 14,6 참조).

예수는 우리에게 삶의 새로운 대처 방법을 권유하고 계십니다. 그는 우리에게 대안과 다른 접근 방법, 새로운 통찰력과 새로운 비전을 제시하여 우리로 하여금 이전의 나를 뛰어넘어 성숙할 수 있도록 해 주십니다. 예수는 우리를 둘러싸고 있는 현실 문제들을 대응하는 데 있어 현재의 우리 자신보다 나은 자신으로 변모할 것을 독려하고 계십니다. "나는 세상의 빛입니다. 나를 따라오는 이는 어둠 속을 걷지 않을 것입니다"(요한 8,12 참조).

삶이 안고 있는 불안하고 불확실한 요소들에 과감하게 직면할 때 우리는 그러한 것들에 대처할 방안에 대한 통찰력을 키울 수 있습니다. 우리가 인식하고 있든 그렇지 않든, 이 통찰력은 언제나 우리의 삶 속에서 활동하고 계시는 성령의 선물입니다. 주어진 현실이 선이든 악이든, 정당하든 부당하든 현실 전반에 대해 우리가 더 잘 대처하기 위해서 우리의 삶의 양식을 어떤 식으로 변화시켜야 할 것인지를 우리가 간파할 수 있는 것은 성령의 도움에 의한 것입니다. 그러나 통상적으로 성령은 우리가 경험하고 있는 이 세상에서 일어나는 일들과 우리 인간들을 통하여 역사하십니다. 이것은 우리가 삶에 대해 열린 마음으로 받아들이려는 태도를 지니며, 그리스도교적 원칙과 가치관을 통해 우리의 삶을 정화하며, 현재 일어나고 있는 일들에 대한 성찰과 기도를 게을리하지 않으며, 우리 주변과 자기 자신과의 교감을 유지한다는 전제하에서 가능한 것입니다. 이것이 바로 하느님이 항상 우리 곁에 계시고 우리에게 언제나 힘을 주실 뿐만이 아니라 인간적인 고통과 혼란을 통해 우리가 더욱 성장하도록 깨우쳐 주시고 불러 주신다는 사실을 우리에게 확신시켜 주는 삶의 신앙적인 차원입니다. 헨리 워드 비처가 지적하고 있듯이 "고통은 우리를 더 나은 존재로 인도하시려고 하느님께서 사용하시는 도구입니다".

우리는 곤혹스러운 상황에서 우리가 취할 수 있는 최선책이 무엇인지 또는 더 나은 방법이 무엇인지 그리고 두 가지의 나쁜 상황에서는 어느 편이 덜 나쁜 것인지를 끊임없이 구별하고 생각합니다. 현재 상황에 대한 통찰력은 우리가 자신의 태도와 행동을 변화, 개선, 적응하는 데 도움이 됩니다. 때때로 이런 상황이 우리에게 당면한 현실에 대한 타협, 인내 또는 양보를 요구할 수도 있습니다. 우리가 원치 않는 상황 또는 매우 고통스러운 상황은 헤아릴 수 없이 많습니다. 그러나 그러한 고통스러운 상황이 많다는 사실을 인정하기보다는, 그 상황이 우리를 낙심하게 하는 경우에도, 우리는 그 상황을 대적해 볼 만한 것으로 생각해야 합니다.

처한 상황들이 아무리 속수무책의 엄청난 것으로 보일지라도 그것이 불가항력임을 인정함으로써 진솔해지며 마음의 평정을 구하고, 우리가 유일하게 변화시킬 수 있다고 확신하는 것, 즉 우리 자신을 변화시킬 수 있는 용기를 내는 것이 바람직합니다. 이것이 바로 여러 알코올중독자 가족 모임과 자조 모임(self-help group)의 숨은 힘이요 매력입니다. 이들은 중독자들에게 그들이 변화시킬 수 있는 것, 즉 자기 자신을 변화시킬 것을 종용합니다. 이것은 악에 대한 너그러움을 의미하는 것이 아니라 그 악과 맞서거나 그것과 더불어 살아가는 새로운 삶의 방법을 받아들임을 의미합니다. 이것은 악에 의해서 더 이상 희생당하지 말라는 요구입니다. 이것은 우리 삶에서 세력을 부릴 가능성이 있는 악의 힘을 몰아내자는 것입니다. 예수도 다음과 같이 말씀하셨습니다. "진리가 당신들을 자유롭게 할 것입니다"(요한 8,32 참조).

어떠한 심리 치료적 변화에서도, 우리 삶 속에 그리스도교적 정신을 통합함에 있어서도 근본적인 핵심은 자기 자신의 변화입니다. 이 사실을 더 잘, 더 일찍 인식할수록 우리는 한층 깊이 있는 행복과 평화의 더욱 심오한 의미를 발견할 수 있는 능력을 키울 수 있습니다. 결국 고통스러운 현실에서 자신을 변화시키고, 어떠한 역경도 견뎌 내는 방법을 배워 나가는 것이 우리 삶의 근본적인 목적입니다. 어려운 상황에 대한 즉각적인 해답이나 기적적인 해결책이 있을 수 없다는 사실을 먼저 깨달아야 합니다. 진정한 대처 능력과 해답은 우리 자신 내부에 있습니다.

그리스도교적 인생관을 이해하기 위해서는 우선 그리스도교적 인생관이 기적을 일으키는 것이 아니라 삶을 직시하게 하고, 삶의 실체를 파악하는 삶에 대한 더 깊은 감각을 가져다준다는 것을 아는 것입니다. 그리스도교적 인생관은 우리에게 단순한 인간적인 해답을 초월해 실로 새로운 삶의 부활과 같은 더 높은 차원의 삶으로 우리를 고양시켜 줍니다. 여기서 부활이란 매우 실질적인 것으로 절망과 속수무책의 구렁에서 다시 소생함을 의미합니다. 예수는 "나는 부활이요 생명입니다. 나를 믿는 사람은 죽더라도 살 것입니다"(요한 11,25)라고 말씀하셨습니다. 그렇습니다. 우리가 부활하기 위해서는 먼저 죽어야(변화해야) 합니다. "진리가 당신들을 자유롭게 할 것입니다." 예수가 바로 그러한 진리입니다. 그는 우리에게 그러한 진리를 주셨습니다. 다른 사람의 말과 행동 그리고 일어나고 있는 모든 상황 속에서도 스스로 굴복하지 않고 압도당하지 않고, 비인간적이 되지 않고, 낙담하거나 실망하지 않는 것이 바로 우리가 매일의 삶 속에서 겪는 죽음, 예수의 죽음 그리고 죽음이 말하고 있는 모든 것 아니겠습니까? 이러한 것들이 바로 죽음에서의 부활이 의미하는 것 아니겠습니까?

부활은 인간적인 상황을 딛고 일어나 대안을 찾아내어 우리 스스로가 변화시킬 수 있는 것을 변화시키는 것을 의미합니다. 부활은 우리가 실패하는 경우에도 하느님이 우리를 용서하시며 우리가 스스로를 용서하는 힘을 찾아낼 수 있으므로 희망과 구원이 있음을 의미합니다. 우리는 일어나 계속 나아갑니다. "제 십자가를 지고 나를 따르라"는 주님의 말씀은 우리가 쓰러질 것을 예견하는 것입니다. 돌이켜보면, 우리 인간 문명은 언제나 위기와 실패를 성공적으로 대처한 결과 진보하며 발전한다는 사실을 알 수 있습니다.

주목할 사실은 우리가 어떤 식으로 실패할지라도 우리는 자신의 내부에서 새로운 힘을 찾아낼 수 있다는 것입니다. 우리는 항상 새로운 대처 방안들을 생각해 낼 수 있을 겁니다. 인간의 경이로움 중의 하나는 적응력입니다. "하느님께서는 한쪽 문이 막히면 어김없이 다른 쪽 문을 열어 주신다"라는 이 격언은 하느님께서 항상 우리의 삶과 함께하고 계심을 더 가슴깊이 느끼도록 도와줍니다. 사람들은 흔히 다른 대안이 있다는 사실을 망각합니다. 긴장하고 있을 경우는 더욱 그러합니다.

우리의 삶을 돌이켜 생각해 보면 우리가 곤경과 시련 그리고 실책에도 불구하고 무언가를 성취하면서 살아왔음을 인식할 수 있습니다. 우리는 지금까지의 낡은 방법을 벗어 버리고 앞을 향해 정진해 왔습니다. 우리는 자기 자신에 대한 자신감이 있었으므로 (변화에 대한) 두려움 때문에 현상 유지에 급급하거나 비건설적이며 실효성 없는 옛 방식에 매달리지 않았습니다.

이러한 맥락에서 볼 때 기도는 우리 삶의 불가항력적인 일들, 현실적인 문제들 그리고 삶의 불확실함을 대처하는 데 있어서 우리를 도우는 강력한 수단입니다. 명상과 기도 속에서 하느님께서 함께하실 뿐만 아니라 기도 속에서 우리는 스스로 수많은 복잡한 문제들과 대적하기 위해 필요한 힘과 자신감을 얻기 때문입니다.

우리의 문제들에는 간단한 해결책이 있을 수 없으며 오로지 이성적인 해답과 선택만이 있을 뿐임을 우리는 알고 있습니다. 해결책에 대한 확실한 보장은 없더라도 해결책을 얻어 낼 기회는 있습니다. 기도는 우리가 우리 자신에게 초점을 맞추도록 도움을 주지만 우리 자신을 비난하는 식이 되어서는 안 됩니다. 기도는 우리가 문제들을 처리하는 데 있어서 우리의 심상과 생각을 살펴보게 하고 또 정리할 수 있도록 우리가 자신의 내면으로 눈을 돌릴 수 있도록 도와줍니다. 사려 깊은 기도는 우리로 하여금 대안을 모색할 수 있는 여유를 주기 때문에 우리가 경거망동하는 것을 막아 줍니다. 기도는 남을 탓하거나 어두운 세력을 저주하는 시간이 아니라 우리가 직면한 문제에 대한 해결책을 찾아내는 시간입니다.

우리의 문제에 관해 남을 탓하려고 타인에게 손가락질하는 것은 부질없는 짓입니다. 이는 나머지 세 손가락을 자신에게 향한 채 스스로 그 문제를 어떻게 처리할 것인지를 묻는 행위이기 때문입니다. 예수는 "네 이웃의 눈에 들어 있는 티를 빼내 주려 하기 전에 네 눈에 있는 들보를 먼저 빼내라"(마태 7,1-5 참조) 하고 말씀하셨습니다.

어떤 이들은 변화의 시도를 정직함과 힘 그리고 성숙함으로 여기기보다 나약함을 인정하는 행위로 치부합니다. 이런 사람들은 우리가 친숙한 관계를 형성하기에는 부적절한 대상입니다. 이들은 타인에게 자신을 열지 않으며 자신의 약점을 타인에게 드러내지 않기 때문입니다. 이들은 타인을 신뢰하지 못하여 그들을 있는 그대로 보지 못합니다. 이들은 더 근본적으로 자기 자신조차 있는 그대로 받아들이지 못합니다. 이런 사람들은 경직되어 있으며 융통성이 없고 근시안적입니다. 이들은 한마디로 말해서 매우 불안정한 사람들입니다.

가장 우선적이며 중요한 관계는 우리 자신과의 관계입니다. 자기 자신과의 관계가 온전치 않을 때 문제가 발생합니다. 타인에게 무조건적인 사랑을 베풀 수 있기 이전에 우리 자신을 조건 없이 사랑하고 받아들여야 합니다. 우리는 스스로 변화할 수 있는 것에 집중할 용기와 지혜를 가지고 있습니까? 이것이야말로 진정 삶의 열쇠입니다. 평화의 열쇠입니다. 희망의 열쇠입니다. 이것이야말로 참으로 우리 자신과 평화를 유지하는 데 본질적인 것입니다.

15 뿌리

자신을 알고 있습니까?

우리가 당연히 알고 있다고 착각하고 있는 삶의 한 영역은 우리의 과거, 특히 우리의 원原가족입니다. 우리 모두는 기쁨 또는 슬픔의 감정이 일어나는 가정환경과 연관 있는 사건들을 회상합니다. 그러나 이것이 우리가 현재의 삶에 대해 우리의 뿌리가 지니고 있는 의미를 완전히 이해하고 있다는 것을 뜻하지는 않습니다. 우리는 우리 자신과 우리의 실체에 대해서 그리고 왜 우리가 지금처럼 행동하고 생각하고 느끼는지와 우리가 어디로 가고 있는지에 관해 더 잘 이해할 수 있기 위해서 과거의 모든 난제의 조각들을 결합시켜 이해하는 데 목표를 두어야 할 것입니다.

다시 말해, 우리가 우리 가정의 역사, 우리의 전통 그리고 우리의 뿌리를 더욱 충분히 이해하지 않고서는 우리 자신에 관해 우리가 당연히 알아야 하는 만큼보다 더 깊이 알 수가 없을 것입니다.

상담과 심리요법이 조금이라도 가치가 있으려면 반드시 내담자의 뿌리를 다루어야 합니다. 최근에 이런 생각이 가족 상담에서 가정 문제를 다루는 한 방법으로 강화되고 있습니다. 가족 구성원들에게 그들의 뿌리에 관해 일깨워 주는 가계도와 같은 기법의 사용하여 자신의 현재 가정에 대한 이해를 크게 높일 수 있습니다.

우리는 과거와 절연할 수 없으며 또한 과거를 골동품처럼 가볍게 처리할 수도 없습니다. 많은 가정이 과거 세대들이 겪은 것에 대해 섬뜩해하면서도 과거 세대에서 일어났던 것을 되풀이하고 있다는 것은 비극적인 일입니다. 과거 세대가 주는 자원을 이용하지 못하는 가정들도 있습니다. 이 두 부류의 현재 가정들은 과거와 관련되어 있습니다. 에드워드 모건 포스터가 말한 적이 있는 것처럼 "단지 관련되어 있습니다".

우리가 밝혀낸 이런 상담 치료의 정보들 가운데 하나는 가정에서 벗어나기 위해서 가정에서 멀어지는 아이들이 자신의 가정이 지닌 약점들을 되풀이할 가능성이 크다는 것입니다. 우리는 과거의 해소되지 않은 갈등을 언젠가는 처리해야 합니다. 그렇지 않으면 이런 갈등들이 계속 남아 더욱 악화되며, 극심할 경우 자신이 분노하고 거절했던 가정의 배경이 실제로 자신의 생활양식의 일부가 될 수 있습니다. 이것은 다하우 포로수용소 정문 위에 새겨진 "과거를 망각하는 자들은 그것을 되풀이하게 마련이다" 라는 비문을 상기시켜 줍니다.

당신의 원가족에 관해 무엇이 떠오르나요? 당신은 그 기억을 얼마나 현실적으로 바라보고 있습니까? 당신은 그것을 올바르게 고찰할 수 있습니까? 여러 가지 이유로 대다수의 사람들은 자신의 과거 가운데 전부 또는 일부를 차단해 왔습니다. 그 이유는 대체로 자신의 과거를 떠올리는 것이 그들에게는 너무도 고통스럽기 때문입니다. 과거의 경험 가운데 선택한 경험만을 기억하고 다른 경험들은 억제해 버리는 사람들은 자신에게 학대를 가하고 있는 것입니다. 자신의 원가족의 배경에 대해 왜곡된 이미지를 품고 있는 사람들은 그들의 가정환경을 실제적으로 고찰해 보지 않은 것입니다.

어린 시절부터 기억되어 왔지만 결코 명확하게 밝혀지지 않은 과거에 대해서 많은 그릇된 해석이 있습니다. 과거에 대한 부인과 왜곡은 우리를 짓누르는 무거운 압박입니다. 과거를 부인하고 왜곡하는 것은 과거에 대한 현실적인 이해와 인정뿐만 아니라 한 인간으로서의 의미 있는 성장과 자신에 대한 이해까지도 차단해 버립니다.

우리는 성인이 된 후의 삶에도 몸에 배인 건전하고 불건전한 삶의 방식을 지닌 우리 자신에 관해 충분히 알아야 합니다. 우리가 세상을 바라보는 균형적이고 불균형적인 태도와 사고에 관해 잘 알아야 하고, 우리의 원가족에서 결코 충족되지 않은 욕구와 갈망, 즉 성인으로서 친교를 추구함에 있어서 긍정적으로 또는 부정적으로 영향을 끼치는 욕구와 갈망에 관해 알아야 합니다.

에릭 에릭슨의 '심리 사회적 발달 이론'에서 마지막 8단계는 통합입니다. 이 단계에서 사람은 그의 뿌리를 포함하여 자신의 삶에 관해 완전히 이해하고, 이를 자신의 현재 삶에 통합시킬 수 있습니다. 이는 사람이 자신의 과거와 부모를 회고하고, 자신의 역사와 부모의 과거 모습을 알고 있는 그대로 받아들일 수 있다는 것을 의미합니다.

하느님의 선물인 우리 자신은 원가족의 흙에서 빚어집니다. 우리가 누구인지, 우리가 무엇을 어떻게 받아들이는지는 바로 우리가 어디에서 왔는가를 어떻게 받아들이는지에 달려 있습니다. 과거에 대한 해소되지 않은 갈등과 왜곡된 영상을 고찰함으로써 현재의 개인적이고 해소되지 않은 갈등의 요소를 제거하는 것을 목격하는 일은 항상 가치 있는 경험입니다. 사실, 현재의 결혼 문제를 해소하는 사람은 동시에 그들 원가족에서의 갈등들, 즉 이전에 처리하기를 등한시해 온 갈등, 특히 그들이 그다지 관계가 좋지 않았던 부모와의 갈등을 원만하게 풀어 나갑니다.

실로 모든 결혼 문제의 근원은 사람들이 그들 자신의 원가족에서부터 가지고 오는 해소되지 않은 문제에 깊이 내재되어 있습니다. 이것이 제가 결혼을 준비하고 있는 사람에게 "보는 것이 얻는 것이다"라고 특히 중점을 두어 강조하는 이유입니다. 다시 말해서, 당신의 미래의 배우자는 그의 원가족을 어떻게 대하고 그들과 관계를 맺고 대화를 나눕니까? 여기서 당신이 보게 되는 양식이 바로 그 배우자와 결혼해서 형성할 새로운 관계의 양식과 행동입니다. 그러나 안타까운 이야기이지만 사랑의 열정 때문에 연인들은 서로의 눈만을 바라볼 뿐 각자의 원가족에 대한 견해를 편의상 차단해 버립니다. "사랑하면 눈이 먼다"라는 말에는 많은 진실이 담겨 있습니다.

우리는 왜 과거를 드러내려 하지 않고 차단해 버리려 할까요? 그 이유 중 한 가지는 충절에 관한 왜곡된 개념 때문입니다. 우리는 우리의 과거를 비평하지 않습니다. 이러한 비평이 불충하다고 생각하는 비논리적인 죄책감이 있습니다. 진정한 충절은 우리가 우리 가정에 관해 현실적이면서도 현재 그대로 우리의 가정을 받아들일 수 있다는 사실에 토대를 두고 있습니다. 살아가는 동안 언젠가 모든 사람은 가족에 대한 충절과 자기 자신 사이에 존재하는 긴장을 해소시킬 책임을 져야 합니다. 우리 가정에 관해 숙고하는 것과 비평과 비난하는 것 사이에는 큰 차이가 있습니다. 자주 인용되는 소크라테스의 "성찰하지 않은 삶은 살 가치가 없다"라는 통찰은 여전히 사실입니다.

사람들이 과거를 성찰하지 못하는 또 다른 이유는 과거에 묻혀 있을지도 모르는 고통과 분노를 자신이 감당할 수 없다고 생각하기 때문입니다. 다시 말해, 우리가 부모에 대한 분노를 그릇된 것으로 인식한다면 결과적으로 생기는 불건전한 죄책감이 그 사람을 어두운 감방에 가두어 모든 성장을 방해합니다. 진정한 사랑과 수용이 그들이 그랬어야 했고 그렇게 했다고 우리가 상상하는 대로가 아니라 그들의 실제 현재 모습과 과거로 데려갑니다. 그러나 우리가 침착하고 비평적으로 우리의 원가족을 성찰하고, 있는 그대로 받아들일 수 있다면, 이것은 자기 인정, 자기 사랑 그리고 결점까지 모두 남김없이 우리 가정을 건강하게 수용하는 것을 가능하게 할 것입니다.

원가족을 고찰하는 데는 용기가 필요하지만, 우리를 현재 있는 그대로 고찰하는 데도 용기가 필요합니다. 이 두 가지 어느 경우에서도 우리는 고통스러운 현실을 두려워한 나머지 제대로 고찰하지 못할 수 있습니다. 그러나 현실은 고통스럽기는 하지만 건전함을 가져다주고 반면에 두려움은 성장과 성숙을 막아 버립니다. 저는 내담자에게 자신의 과거와 원가족에 대한 묻혀 있는 기억들과 감정들을 드러낼 수 있도록 자서전을 써 보라고 권유하곤 합니다.

모두가 자신의 원가족에 관해 생각해 보아야 하지만 이것은 결손 가정에서 성장한 사람들에게 훨씬 더 중요합니다. 예컨대 원가족에서 부모 가운데 하나가 알코올중독자라면, 우리는 더 이상 그 부모가 알코올중독자라고만 말해서는 안 되며 알코올중독자 가정이 있었고 가족 모두가 고생하고 상처를 입었다고 말해야 합니다. 모두가 영향을 받았기 때문에 거기서 비롯된 상처와 마음의 흉터를 극복하기를 바란다면, 가정에서 입었던 마음의 상처와 분위기에서 입은 결과를 처리해야 합니다. 가정의 무질서와 문제의 근본 원인을 두 세대 또는 심지어 세 세대까지 거슬러 올라가 모색해 보는 것이 보편적입니다. 그 누구도 과거에 역점을 두어 다루어야 했던 문제에 직면해 처리하지 않았고, 그 누구도 원가족에 존재했던 문제를 인식하지 못했으므로 (더 나쁘게 말하면 부인했으므로) 그 문제들이 지속되어 왔습니다.

우리 삶에서 원가족에 대한 경험이 큰 영향을 미치는 두 가지 영역, 즉 정체성과 의사소통에 대해 살펴봅시다. 먼저 우리의 정체성에 대해 고찰해 봅시다. 나라는 독특한 사람은 나의 가정 배경에 그 뿌리가 있습니다. 기본적인 남녀 식별은 여기에서 일어납니다. 우리가 태어난 곳이며 우리의 정체성을 이끌어 내는 가정은 가족 구성원들에게 공통적인 특성을 제공할 뿐만 아니라 독특한 개인으로 형성시켜 줍니다. 우리는 가족 구성원에게서 많은 유사한 특성들을 보지만 또한 그 구성원들이 성장함에 따라 차이점들도 볼 수 있습니다.

우리의 정체성을 형성하는 세 가지 유형의 가족들은 밀착된 가족, 유리된 가족 그리고 협조적 가족입니다.

'밀착된 가족'은 엄격합니다. 이런 가정은 가족 구성원들이 서로 다른 것을 용납하지 않으며 절대적 동조와 통제를 추구합니다. 구성원들의 개성이 발전하기 어렵게 다 똑같이 뭉뚱그려 취급당합니다. 즉, 개성을 용납하지 않습니다. 그것은 통제되고 통제하는 상황입니다. 기초가 되는 법칙은 순응입니다. 개성 있게 발전할 수 있는 여지나 관용이 전혀 없습니다.

'유리된 가족'에서 구성원들은 서로 거리를 두고 있습니다. 상호 협력과 응집력이 부족합니다. 유리된 가족은 구성원들이 서로 다른 방향으로 나아가기 때문에 분열됩니다. 유리된 가족에서는 종종 정서 장애자나 중독자들이 있습니다. 밀착된 가족과 유리된 가족은 구성원 상호 간에 파괴적인 관계 양식을 지니고 있습니다.

'협조적 가족'은 동조와 무책임한 개성 사이의 균형을 이루어 냅니다. 이러한 가족 유형에서는 구성원들 간에 원활한 상호 협력이 이루어집니다. 때때로 문제와 파괴적인 양식이 나타날 수 있지만 건전한 가족은 그런 것들을 해결하고 수정해 나갑니다. 협조적 가족의 구성원들은 안정감, 신뢰감, 자존감이 있습니다. 이들은 적절한 분노와 정당한 갈등을 회피하지 않습니다. 이들은 사랑하고 용서하는 방법을 알고 있습니다. 즉, 구성원들은 서로 건강한 관계를 맺고 있습니다. 이러한 것들이 또한 그리스도교 가정의 특징이 아니겠습니까? 이러한 가정은 진정 구원을 경험한 가정입니다. 예수께서 가르치시는 사랑, 존경, 친절, 용서 그리고 이해의 특징들을 반영하면서 가정의 삶에 통합시켜 온 가정입니다.

밀착된 가족과 유리된 가족의 구성원들은 지나친 분노, 믿음 상실, 자신과 구성원에 대한 불신, 쓸모없다는 감정 그리고 낮은 자존감의 희생물입니다. 밀착된 가족은 구성원들이 자신의 독특한 개성을 발달, 확장시킬 수 있는 분위기를 제공해 주지 못합니다. 그러므로 이들은 정서적 질식으로 고통받고 자신에 대한 확신이 없으며 미성숙한 상태로 남게 됩니다. 유리된 가족의 구성원들은 사랑을 받고 있다는 감정이 전혀 없어 서로에게서 정서적으로 멀어져 있거나 소외되었기 때문에 서로를 양육하지 못합니다. 이런 가정들은 구원이나 치유를 경험하지 못합니다.

어느 가정에서나 아이들이 지닌 기본적인 정체성은 부모 각자가 인간으로서 보여 주는 정체성에 영향을 받습니다. 아버지가 남성으로서 어머니가 여성으로서 자신을 마음에 들어 하고 있는가? 부모 각자가 자신에 대해 완전하고 안전하며 확신을 느끼고 있는가? 부모가 남편과 아내로서 자신의 역할에 어떻게 서로 관계해서 협력하고 있는가? 이 모든 질문에서 암시되고 있는 사실은 건전한 또는 불건전한 부모가 드러내는 특징에 따라서 인간으로서 어린아이가 지니는 정체성이 형성된다는 것입니다. 이것들은 아이들의 삶에 옮겨지고 그들 삶의 관계에서 체현됩니다. 따라서 구성원의 정체성의 뿌리는 전체적인 것인지 단편적인 것인지에 관계없이 원가족의 어린 시절부터 발달하기 시작합니다.

우리 발달에 영향을 끼치는 가정생활의 또 다른 중요한 영역은 가정 내에서의 대화의 질입니다. 대화는 분명히 건전한 가정과 개인의 인성 발달에 중요한 열쇠입니다. 역으로 말하면, 대화 부족은 인성의 결핍과 결혼과 가정의 문제점을 유발하는 근본 원인입니다. 어느 가족에게 문제가 있고 없고가 중요한 것이 아니라 문제가 발생했을 때 가족 간에 그것에 관해 대화할 수 있는지가 관건입니다. 건전한 가정은 문제점과 차이점에 관해 의논해서 해결하며, 이것들과 더불어 살아갈 수 있는 방법을 배울 수 있습니다. 가정이 대화할 수 있다면 살아가고, 존재하고, 관계 맺을 기회를 잡을 수 있습니다.

우리는 가정에서 대화를 배웁니다. 그러나 중요한 문제들은 다음과 같습니다. 부모가 어떻게 서로 대화했는가? 가정에서 자신의 생각과 감정들을 자유롭고 숨김없이 솔직하게 표현했는가? 서로에 대한 애정을 쉽게 표현했는가? 서로에게 반대할 수 있었는가? 정당한 갈등들이 적절하게 표현되었는가? 어떤 식으로 우리의 분노를 전달했는가? 원가족에서 구성원들과 대화를 나누었던 방식이 가족 구성원 이외의 사람들, 특히 우리와 밀접한 관계를 맺고 있는 사람들과 대화를 나누는 방식을 결정할 것입니다.

인간을 이루고 있는 구성 요소를 고려해 볼 때 우리는 사람의 신체적 그리고 심리적인 요소가 의사소통을 향해 있음을 알게 됩니다. 신체적으로 우리는 의사소통 체계의 모든 부분인 입, 혀, 안면 근육, 성대 그리고 귀를 가지고 창조되었습니다. 우리는 우리 마음속에 일어나는 그 어떤 생각이나 감정도 표현할 준비가 되어 있습니다. 심리적으로 우리는 우리 감정 세계의 가장 내면적인 수준의 것도 솔직하고 정직하게 나눔으로 타인과의 친밀감을 추구합니다.

그러나 대화의 필요성이 왜 너무도 자주 좌절되거나 발전되지 않고 또 저지되어 건전한 가정생활이 이루어질 수 없는 것입니까? 우리는 드러내기 위해 창조되었습니다. 즉, 하느님께서 자신을 우리에게 드러내셨기 때문에 우리 또한 우리 자신을 서로에게 드러내야 합니다.

대화의 기술은 평생토록 개발해야 합니다. 대화의 기술을 개발하는 데는 오랜 시간이 걸립니다. 이것은 결코 당연시될 수 없으며 끊임없이 연습되고 지속적으로 재평가되어야 합니다. 이것은 가슴과 머리에서부터 이야기하는 것을 의미하며, 사람이 자신에 대해서 느끼는 것은 가정에서 태어나면서부터 대화 체계를 통해 표현됩니다. 가족 구성원들이 어떻게 서로에게 이야기하는가? 어떤 불쾌감을 서로에게 전달하는가? 어떻게 서로의 말에 올바르게 또는 그릇되게 경청하는가? 이것들이 내가 느끼고 생각하는 방식 그리고 나 자신을 인식하는 방식을 결정합니다. 나 자신에 대한 이미지와 감정이 부정적 또는 긍정적이 될 수 있습니다. 그러나 이것은 가정 내에서의 대화의 질에 의해 좌우됩니다.

지금까지 말해 온 것으로 볼 때 원가족의 중요성과 원가족 구성원들의 행동이 우리에게 건전하게 또는 불건전하게 영향을 끼쳤는지에 관해 우리의 인식을 가다듬어야 한다는 것이 분명합니다. 무엇보다도 우리 자신을 더 충분하게 알지 못하게 하고 과거를 더 즐겁고 실제적으로 깨닫지 못하게 하는 두려움과 죄책감을 우리가 추방할 수 있도록 과거의 가족사가 지닌 피상적인 차원을 초월해서 생각하는 것이 중요합니다.

제가 말씀드리는 것은 우리가 가족 구성원들을 책망하거나 질책해야 한다는 것이 아닙니다. 우리가 그들을 이해할 수 있어야 그들을 현재 있는 그대로 받아들이고 더욱더 사랑할 수 있다는 것입니다. 저의 의도는 오랜 가정생활 동안 우리 모두에게 누적된 무수한 그릇된 해석들, 즉 서로를 분리시키고 서로의 참모습을 알지 못하게 해 온 그릇된 해석들을 표면화시킨 다음 명확히 해명해서 바로잡는다는 것입니다. 이렇게 해야만 우리가 우리의 삶에 관해 책임을 지고 계속 삶을 영위할 수 있습니다.

성경이 지속적으로 사람의 배경을 존중하고 있는 것처럼 — 성경이 개인의 가계를 기술하고 있다는 것을 주목하십시오 — 우리 또한 하느님이 내리신 선물인 우리 자신의 가계를 존중하고 인정해야 합니다. 우리의 가계는 우리가 범한 죄와 잘못으로 황폐화되긴 했지만 또한 선과 재능 그리고 사람들이 인정하지 못해 수세대에 걸쳐 성장하지 못하고 여전히 개발되지 않은 인간의 잠재력으로 충만해 있습니다.

몇몇 안 되는 이런 사고의 내용들을 읽은 뒤, 일부 사람들은 비관적이고 숙명론적이 되어 "그것이 무슨 소용이 있습니까? 우리는 과거의 덫에 걸려 과거에 의해 결정됩니다"라고 결론을 내릴 수도 있습니다. 아닙니다. 그렇지 않습니다. 우리가 직면한 도전은 우리 가정에 대해 이해하고 우리의 과거 가정 배경을 초월해서 성장하는 것입니다. 진정 우리는 그러한 배경을 초월해 나아갈 수 있습니다. 우리는 그 배경이 지닌 개발되지 않은 풍부한

산물과 자원을 개발할 수 있습니다. 이것은 동기 부여의 문제입니다. 이것이 바로 성경과 예수께서 우리로 하여금 행하도록 명하시는 것입니다. 우리 자신을 초월하여 성장하는 것입니다. 믿음의 사람에게는 가능합니다. 우리는 우리의 이해를 뛰어넘는 질그릇에 담긴 보물을 간직하고 있습니다. 바로 희망의 사람이 되는 것, 이러한 도전에 기꺼이 응하는 것입니다. 이것이야말로 영적 삶의 전부이며 우리 자신을 초월해 성장하려는 의지 아니겠습니까? 즉, 그리스도의 충만함으로 성장하려는 것이 아니겠습니까?

    프란츠 베르펠이 『베르나데트의 노래』 서문에서 쓴 것처럼 "믿는 사람에게는 어떠한 설명도 필요 없습니다. 믿지 않는 사람에게는 어떠한 설명도 가능하지 않습니다". 그리스도인으로서 우리는 변화하도록 요구되고 있으며 우리는 변화할 수 있다고 믿고 있습니다. 그렇다면 우리는 주저하지 말고 우리의 가슴과 마음 깊은 곳에 머물러 좀처럼 사라지지 않으며 영향을 끼치는 원가족에서의 실패 사례와 성공 사례에 관해 고찰해야 합니다.

16 인정

왜 인정을 원할까요?

우리가 특히 기도를 끝마칠 때 "아멘"이라고 너무도 자주 그리고 무의식적으로 말하기 때문에 아멘은 거의 무의미하게 되어 버렸습니다. 그러나 우리가 당연시하고 있는 대부분의 말과 행동처럼 아멘도 진정 의미를 지니고 있습니다. 아멘은 우리가 열심히 경청한 기도에 대한 응답입니다. 아멘이라고 말함으로써 우리는 기도의 내용을 인정합니다. 즉, "그렇게 되기를 바랍니다", "그렇습니다", "그것에 동의합니다"라고 말하고 있는 것입니다. 우리는 기도 그 자체와 내용을 의식하고 있을 뿐만 아니라 그 기도의 내용을 찬성하고 인정하는 것입니다. 결국 우리는 기도하는 사람의 기도와 일치한다는 뜻입니다. 그러나 우리는 자주 아멘이라고 말하는 것의 중요성을 잊어버립니다. 만일 단체의 이름으로 기도를 하고 있는 사람이 우리의 아멘 반응을 듣지 못한다면 그는 자신이 한 기도가 받아들여졌는지의 여부에 대해 확신을 갖지 못할 수도 있습니다. 기도를 듣고 있던 다른 모든 사람이 기도하는 사람과 일치하고 있습니까? 그렇다면 누군가의 기도가 효과적인 것이 되기 위해서는 기도에 대한 응답으로, 인정을 한다는 뜻으로 아멘이라고 말해야 합니다.

이와 같은 인정의 필요성은 인간의 삶과 관계에 있어서 훨씬 더 필요합니다. 우리는 특히 서로를 충분히 알지 못하면서도 너무도 당연시 여기며 삶을 살아가는 경향이 있습니다. 많은 사람의 이야기를 듣다 보니 저는 그들에게 자신들이 존재하고 있고 가치 있는 존재라는 것을 재확인해 주는 인정, 승인 또는 모종의 몸짓을 받고자 하는 지속적인 욕구가 있다는 것을 알게 되었습니다. 대부분의 경우, 사람들은 많은 말을 하면서도 이러한 욕구는 말하지 않습니다. 그러나 만일 그 사람들의 삶에 관한 이야기에 귀를 기울이면 이러한 욕구는 분명히 드러납니다. 사실 이러한 욕구는 너무도 명백해서, 만일 그 욕구가 건전한 방법으로 충족되지 않을 경우 어떤 대체제로, 무의식적이며 또는 파괴적인 방법으로 충족될 것이라고 추측한다면 무척 심각한 일입니다. 일부 사람들은 이런 불건전한 방법이 관심을 얻어 내는 방법이라고 알고 있기 때문에 만성적인 질병 상태로 있습니다. 인정받고

자 하는 욕구, 즉 칭찬받고자 하는 욕구는 우리가 인간적이고, 정서적으로 건전한 상태를 유지하고자 할 때 필요한 것입니다. 우리는 이러한 욕구가 우리 모두에게 존재한다는 것을 인식해야 합니다. 우리는 인정받고자 하는 욕구를 느끼고 그것을 인식하는 우리의 내적 세계와 접촉해야 합니다. 우리는 이 욕구를 성격상의 약점으로 여기지 않고, 죄책감이나 꺼리는 감정 없이 정상적이고 건전한 인간 욕구로 받아들일 수 있어야 합니다. 이것은 건전하고 훌륭한 자질입니다.

우리의 욕구는 자제력이 없기 때문에 지성이 우리의 욕구를 충족시키는 방법, 시기 그리고 이유를 통제해야 합니다. 그렇지 않으면 우리의 욕구가 우리의 삶을 압도하거나 조종할 수 있습니다. 살아가는 동안 건전한 이성을 발달시키는 것이 성숙의 일부입니다. 이성, 즉 내적 규율을 발달시키는 것은 건전한 방법으로 우리의 욕구를 충족시키는 대안을 마음대로 선택하며 우리의 삶을 주관하는 것의 일부입니다.

사람들이 인정이 필요하지 않다고 하거나 "그것은 어린애들이 원하는 일이다"라고 경멸적인 말을 하는 것을 들을 때 저는 진력이 납니다. 많은 사람이 그들이 어린애들이 원하는 일이라고 하는 것을 자기 가정에서 받아 본 적이 없습니다. 사람이 이런 욕구를 거절하는 것은 자신의 인간성을 부인하는 것과 같습니다. 이것은 갈증, 또는 굶주림을 부인하는 것과 마찬가지로 무의미한 일입니다. 누군가가 성적 욕구를 가진 것을 부인한다면 우리는 그 사람이 무성이거나 신경과민이라고 말할 것입니다. 인정받고자 하는 욕구를 부인하는 것은 솔직하지 못하거나 냉소적이며 자신과 접촉하지 않고 있다는 것입니다. 이러한 사람에게 있어서 삶은 병적인 것이 될 것입니다.

때때로 우리의 배경이나 왜곡된 종교적 개념이 이런 욕구는 선한 사람에게는 어울리지 않기에 거절하라고, 인정을 바라는 욕구는 자기중심적이고 거만한 것이라고 가르쳤습니다. 이것이 우리 대다수가 배운 삶에 대한 비인간적인 접근 방식입니다. 올바르게 이해된 그리스도교 정신은 우리를 인간답게 만들어 주고 우리의 욕구와 감정을 인식하도록 도와주며 이것들을 다루는 고상한 방법을 제공해 줍니다.

성경은 우리에게 기도하고 하느님께 감사를 드리라고 전하고 있습니다. 하느님은 아벨, 아브라함, 모세, 다윗, 세례자 요한 그리고 예수에게서 받으신 찬미와 인정을 숨김없이 보여 주십니다. 예수는 간음하다 들킨 여인과 자신들이 선하다는 것을 알 필요가 있었던 사람들을 인정해 주십니다. 예수는 인정을 받고 싶어 하는 인간적인 욕구를 인식하시고 그 욕구를 끊임없이 충족시키고자 하셨습니다.

인정받고 싶어 하는 자신의 욕구와 타인의 욕구를 부인하거나 혐오하는 사람과는 상반되는 일례로 인정과 칭찬을 받고 싶어 하는 과도한 욕구를 지닌 사람들도 있습니다. 이런 가엾은 사람들은 종종 매우 분노하거나 정서적으로 메말라질 수 있는데,

이는 우리가 칭찬이나 인정을 하면 할수록 그들은 더 많이 원하기 때문입니다. 우리가 그들에게 아무리 그들의 선량함을 확신시켜 주더라도 그들을 납득시킬 수 없는 것 같습니다. 그들은 때때로 어떠한 대가를 치르고라도 인정을 받는 것에 중독되어 있습니다. 그들의 자존심과 자기 가치는 거의 존재하지 않습니다.

대부분 인정받고 싶어 하는 과도한 욕구를 지닌 사람들은 정서적으로 결핍된 가정 출신입니다. 정서적 결핍은 정서적 학대의 또 다른 한 형태입니다. 이것은 수동적이지만 파괴적인 것으로 자신의 자존감을 서서히 파괴시키는 암과 같은 존재입니다. 자기 의심이 조장되는 정서적으로 침묵하는 가정 분위기 속에서 사람들은 "자신의 무엇이 잘못되었는가" 의아하게 생각합니다. 그들은 자신의 존재 가치에 대해 의문을 제기합니다. 이러한 정서적 침묵은 자신의 잘못과 그 잘못에 대한 냉소, 비난 그리고 불인정만 확대할 뿐입니다.

모든 관계에서 냉담한 침묵과 반응의 부족은 사람들로 하여금 그 관계에 대해서 그릇되고 부정적인 해석을 내리게 합니다. 때때로 사람들은 부정적으로 행동해서 인정을 얻어 내려 하며 이에 따른 처벌과 비판은 오히려 그들의 부정적인 개념을 강화시킬 따름입니다. 그러나 이런 사람들은 너무도 관심을 필요로 하기 때문에 아무리 파괴적인 것이고 부정적인 인정이라도 아무런 인정이 없는 것보다는 낫습니다.

관심과 인정을 받고자 갈망하는 사람은 중독자와 다를 바 없습니다. 즉, 어떤 대가를 치르고라도 인정을 얻어 내려는 충동이 있습니다. 그러나 이것은 일시적인 해결과 순간적인 황홀감은 주지만 결코 충족되지 않습니다. 어릴 적에 인정을 받지 못했다는 정신적 파괴감은 자신의 삶 속에 지속적인 의심과 상처를 남길 수 있습니다.

인정받고자 하는 욕구를 부인하는 사람은 방금 기술된 인정받고 싶어 하는 과도한 욕구를 지닌 사람들과 유사한 배경을 지니고 있지만 그 이면에 잠재해 있는 고통과 의심에 대한 방어책으로 인정받고자 하는 욕구를 부인하거나 경멸합니다. 인정이 없는 가정은 그 원인을 수세대까지 거슬러 가서 알아볼 수 있습니다. 우리는 다음과 같은 질문을 하고 싶어 합니다. 누군가 양식을 바꾸어 과거에서 벗어나려고 하지 않겠습니까? 누군가 인정할 욕구를 깨닫기 시작하지 않겠습니까? 누군가 인간의 가정이 인정에 입각해서 잘 되어 간다는 것을 깨닫기 시작하지 않겠습니까? 그리고 인정이 없으면 가정이 파괴되지 않을까요? 저는 형편없는 가정이 아니라 일반적인 가정에 대해 이야기하고 있습니다. 인정의 결핍은 하나의 장애로서 과거에 발생했다 하더라도 현재 우리에게 영향을 끼칠 수 있습니다.

우리는 여전히 인정을 받고자 하는 욕구를 충분히 인식하지 못하고 있습니다. 심리적인 장애를 앓고 있는 구성원이 있는 가정환경에서 성장한 사람은 인정에 대한 커다란 욕구를 품고 있습니다. 그래서 특히 우리가 맺고 있는 중요한 인간관계의 맥락과 우리 가정 내에서 우리에게 도전하는 것은 바로 과거입니다. 상담사들이 계속해서 듣고 있는 한 가지 절규는 이런 사람들이 어릴 적에 사랑, 감사 또는 보살핌을 받지 못했으며, 이것이 그들의 자기 가치에 대해 사라지지 않는 의심을 남겼다는 것입니다.

　일반적으로 이런 사람들은 그들의 부모에게서 사랑을 받지 못한 것이 아니라 그 사랑을 적절한 방법으로 느끼고, 듣고, 인지하지 못했다는 것입니다. 즉, 사랑이 애정이 담긴 말 또는 행위로 표현되지 않았던 것입니다. 누군가가 "나는 아버지가 나를 아껴준 것은 알고 있지만 아버지는 나에게 사랑한다는 말을 결코 하시지 않았다"라고 하는 것을 듣는 것이 일반적입니다. 침묵 속에서 살아간다는 것은 끔찍한 일입니다. 침묵은 타인뿐만 아니라 자신에 대한 왜곡된 결론과 그릇된 해석을 일으킵니다. 그리고 사람은 이런 그릇된 결론들, 즉 부정적인 자아상을 가지도록 이끄는 결론을 안고 살아갑니다.

　이런 부정적인 지각을 저지하기 위해 가치 있는 존재로 인정받는 기본적인 인간적 욕구에 대한 자각을 발달시키는 것이 중요합니다. 먼저 이런 욕구에 대한 자각은 우리에게 그 욕구에 대한 부담을 느끼지 않으며 또한 건전한 태도를 가질 수 있게 합니다. 이것은 우리의 주위 환경에 의해 짜여 오랫동안 보유해 왔던 이런 욕구에 대한 모든 왜곡된 사고와 감정을 제거하는 것을 의미합니다. 우리는 우리의 배경을 뛰어넘어야 합니다. 이것은 우리 가정이 형편없는 가정이거나 우리가 사랑 또는 인정을 받지 못했다는 것이 아니라 아마 우리가 칭찬받을 경우 자만하게 될 것을 두려워하기 때문에 사랑과 인정이 충분히 표현되지 않았다는 것을 의미합니다.

우리가 인정받고자 하는 욕구를 깨닫고 인식한다면 우리는 타인이 지닌 인정받고자 하는 욕구를 더 잘 이해할 수 있을 것입니다. 타인이 인정해 달라고 요구하지 않거나 필요로 하고 있다고 암시하지 않을 수도 있습니다. 심지어 그들이 그 욕구를 부인할지도 모르지만 그래도 그것은 존재합니다. 그들이 얼굴이 붉어지거나 불편하게 느낄 때와 같이 그들이 인정을 잘 처리해 내지 못하더라도 그 욕구는 존재합니다. 감수성 있는 인간으로서 우리의 책임은 우리 자신의 욕구에 민감해짐으로써 타인들의 욕구에 더 예민해지는 것입니다.

다음 단계는 이러한 자각을 실천하는 것입니다. 그리고 이것에는 노력과 심지어 계획이 필요합니다. 이것은 아마 인위적으로 보일 수도 있습니다. 인정은 자연스럽게 나오는 것 아닙니까? 이런 물음은 그릇된 개념입니다. 인정을 포함해서 좋은 습관을 발달시키는 데는 훈련이 필요합니다. 우리가 태어난 가정에 전해 내려오고 우리가 다음 세대에게 전해 주는, 인정하지 않는 양식을 누군가가 깨뜨려야 합니다. 우리가 이런 연습을 행동으로 옮길 때 처음에는 불편을 느끼겠지만 결국은 그것이 하나의 습관, 즉 우리 자신의 일부가 됩니다.

우리가 실제로 타인을 인정하면서 느끼는 타인의 강렬한 감사, 그들의 미소 그리고 그들이 자신에게 느끼는 좋은 감정 덕분에 우리 마음이 따뜻해집니다. 타인에게 인정을 베푸는 것이 좋다고 인식될 때 우리는 그것을 계속 주어야 한다고 느낍니다. "감사합니다." "참 잘했습니다." "당신을 사랑합니다." "축하합니다." "참 사려가 깊으십니다." "성적을 보니 노력을 참 많이 하고 있군요." 이와 같이 인정을 나타내는 많은 표현은 말하기는 너무나 쉽지만 우리가 이런 말을 하는 데는 자각, 훈련, 반복 그리고 우리 마음속에서의 지속적인 강화가 필요합니다.

부모, 배우자 그리고 아이들까지도 서로에 관해 "내가 사랑하고 있다는 것을 사람들도 알아요" 또는 "내가 고마움을 느낄 줄 알고 그들에게 고맙게 생각하고 있다는 것을 사람들이 알아요"라고 말합니다. 그렇지 않습니다. 이러한 감정들이 표현되지 않으면 사람들은 모릅니다. "내가 사랑하고 있다는 것을 사람들도 알아요"라는 말은 우리가 내리는 그릇된 가정들 가운데 하나이며, 그 결과 우리는 더불어 살아가면서 상대방이 진정 신경을 쓰고 있는지에 대해 궁금하게 생각합니다. 표현의 필요성은 우리가 확신하는 것에서부터 비롯되어야 합니다.

결코 충분한 인정이란 있을 수 없습니다. 누군가의 삶에서 균형 있게 인정이 있다면 자존감이 커지고, 이 사람은 또한 타인들의 자존감도 키워 줄 수 있습니다. 우리는 우리가 사랑받고 있으며 그리고 다른 누군가를 사랑하고 있다는 것을 알아야 합니다. 우리는 우리의 선에 지속적으로 의심과 비방을 던지는 세상에서 살고 있습니다. 우리는 괴로워하고 있는 사람들에게서 "믿을 사람이 아무도 없다", "모든 남녀가 부정한 정사를 벌이고 있다" 그리고 "모든 사람이 돈을 벌기 위해 혈안이 되어 있다"와 같은 비난조의 말을 듣고 있습니다. 우리 모두는 정당성의 여부에 관계없이 일상적인 비평을 접하고 있습니다. 우리가 중요한 사람들로부터 인정을 받지 못하면 우리는 부정적이고 비평적인 것들에게 압도되어 결국에는 그러한 것들을 확대시킬 수 있습니다. 자신에 대한 인정이 없을 때, 듣는 모든 것이 부정적이고 비평적인 것들뿐일 때, 우리는 "나에게 무슨 문제가 있는가?" 하고 생각하기 시작합니다. 더구나 우리가 진정 서로를 인정할 때, 비평이나 이견을 제시해야 할 경우 더 신뢰할 수 있습니다. 칭찬과 건전한 비평이 균형을 이룰 때 훌륭한 대화뿐만 아니라 좋은 관계 형성도 이루어집니다.

우리가 서로를 인정할 때 우리는 하느님께서 누구나 갖고 계시다고 선포하는 하느님의 무조건적인 사랑을 실질적이고 타당하게 드러냅니다. 타인을 인정하는 것은 이 험한 세상에 그리스도의 메시지를 매우 명백하게, 실제적으로 그리고 효과적으로 주입하는 것입니다. 하느님의 무조건적인 사랑은 우리를 통해서 특히 우리가 서로를 인정할 때 나타납니다.

비록 거의 언급되지는 않았지만 여전히 인정의 더 중요한 한 면이 있는데 이것은 자기 인정의 욕구입니다. 이것은 우리가 주고받는 인정과 연관 있는 아주 중요한 문제입니다. 제가 말씀드리는 자기 인정은 우리가 행하는 선행, 우리가 이룬 성공과 업적 그리고 우리가 지닌 훌륭한 자질들에 대해 자신이 솔직해야 한다는 것입니다. 이것은 우리가 지닌 약점, 한계 그리고 잘못들을 자각하는 데 도움을 줍니다. 사람들은 종종 우리를 당연시합니다. 즉, 우리가 행하는 대다수의 선행과 우리가 지닌 훌륭한 자질들이 주목을 받지 못하고 있습니다. 우리는 자신을 인정하고자 하는 욕구에 대해 편안한 마음을 가져야 합니다. 때때로 스스로를 칭찬해 주는 것은 당연한 일입니다. 또한 우리는 현재 우리 자신과 우리가 가지고 있는 것에 대해 하느님께 감사를 드려야 합니다. 일상에서 자신을 인정하는 것이 하느님이 우리에게 주신 선물을 인식하는 가장 좋은 방법입니다.

자기 인정은 대단히 위협적인 말처럼 들릴 수 있습니다. 사람들은 이것을 이기심 또는 자기중심주의로 해석합니다. 자기를 인정하는 사람은 우쭐대고 자만심에 차 있으며 따라서 온갖 신경과민적인 모습이 나타나는 경향이 있다고 사람들은 단정합니다. 우리가 자신을 신뢰하기를 꺼리는 이유가 바로 이 때문이 아닙니까? 우리가 자신을 믿지 않는다면 우리를 창조하신 하느님을 어떻게 믿을 수 있겠습니까? 건전한 자기 인정은 지금의 자기를 실제 있는 그대로 솔직하게 바라보는 것에서부터 비롯됩니다.

우리가 스스로를 인정한다면 우리는 타인에게 더 잘 다가갈 수 있으며 타인을 인정할 수 있습니다. 자기 인정은 하느님과 이웃을 내 몸같이 사랑하라는 그리스도교의 황금률과 연관이 됩니다. "저희가 언제 주님께서 굶주리시거나 목마르시거나 헐벗으신 것을 보고도 …" 비록 하느님께서는 육체적인 욕구에 관해 말씀하시지만 그 말씀 안에는 또한 반드시 충족되어야 하는 사랑, 애정, 이해 그리고 인정을 바라는 정서적인 굶주림과 갈증도 있습니다.